dtv

Peter Härtling, Autor hochgelobter Künstlerromane, nähert sich Verdi und lässt seine Fantasie schweifen. Die Geschichte beginnt auf der Höhe von Verdis Schaffen und gleichzeitig an einem kritischen Punkt. Verdi hat mit ›Aida‹ einen phänomenalen Erfolg gefeiert und versucht nun etwas Neues. Mit dem Streichquartett in e-Moll und dem Requiem überrascht er sich, sein Publikum und Peppina, seine zweite Frau. Und er beginnt, sich neben der Musik um anderes zu kümmern: seinen Landsitz Sant'Agata, in dessen Umgebung er ein Krankenhaus gründet, und die Casa di Riposi dei Musici in Mailand. Es folgen weltberühmte Kompositionen, besonders der ›Otello‹ und der ›Falstaff‹, in der Zusammenarbeit mit dem Librettisten Arrigo Boito.
Peter Härtling erzählt von einem Mann, der immer auf der Suche ist – nach sich, der Liebe, der Erfüllung, dem künstlerischen Ausdruck. Ein beglückender Roman mit musikalischem Gespür für Dissonanzen, Zwischentöne und das große Finale.

Peter Härtling, geboren 1933 in Chemnitz, war als Redakteur bei Zeitungen und Zeitschriften und als Cheflektor des S. Fischer Verlags tätig. Seit 1974 arbeitete er als freier Schriftsteller. Sein umfangreiches Werk wurde vielfach ausgezeichnet, zuletzt mit dem Hessischen Kulturpreis und dem Elisabeth-Langgässer-Literaturpreis. Peter Härtling verstarb 2017 in Rüsselsheim am Main.

Peter Härtling

Verdi

Ein Roman in neun Fantasien

dtv

Von Peter Härtling sind bei dtv u.a. erschienen:
Hölderlin (11828)
Ein Abend, eine Nacht, ein Morgen (11837)
Božena (12291)
Die dreifache Maria (12527)
Schuhmanns Schatten (12581)
Große, kleine Schwester (12770)
Eine Frau (12921)
Hoffmann oder Die vielfältige Liebe (13433)
Die Lebenslinie (13535)
Das ausgestellte Kind (13717)
Liebste Fenchel! (14195)
Tage mit Echo (14452)
Zwettl (19121)

**Ausführliche Informationen über
unsere Autoren und Bücher
www.dtv.de**

2017 dtv Verlagsgesellschaft mbH & Co. KG, München
2. Auflage 2017
© 2015, Verlag Kiepenheuer & Witsch, Köln
Umschlagbild: ›Porträt von Giuseppe Verdi‹
(1880er) von Giovanni Boldini (bridgemanart.com/Galleria
Nazionale d'Arte Moderna, Rom)
Gesamtherstellung: Druckerei C.H.Beck, Nördlingen
(Satz nach einer Vorlage des Verlags Kiepenheuer & Witsch)
Gedruckt auf säurefreiem, chlorfrei gebleichtem Papier
Printed in Germany · ISBN 978-3-423-14572-5

Die Wahrheit kopieren kann etwas Gutes sein,
sie zu erfinden ist besser, weit besser.
GIUSEPPE VERDI

Für Mechthild

Eine Kopfnote statt mehrerer Fußnoten

Ich hatte nicht vor, eine Biografie zu schreiben. Es ging mir nicht darum, das Leben Verdis zu erzählen, Daten und Werke einzusammeln. Der Untertitel nennt neun Fantasien. Verdi hat nie eine geschrieben. Eine Fantasie folgt Motiven, Stimmungen. Es ist eine dem Alter angemessene Form (obwohl der junge Schubert unerhört »fantasieren« konnte). Ich nähere mich an Jahren dem Verdi, der mit einer unvergleichbaren Energie schon im »Otello« eine »neue Musik« fand, und ich wünschte mir waghalsig einen Austausch der Erfahrungen. Verdi ist zwar unantastbar in seinem Ruhm, aber er ist mir nah in seinen Schwächen und in seiner Furcht, aus der Fantasie zu stürzen, das Handwerk nicht mehr zu können. Ich erzähle meine Erfahrungen als seine und seine als meine, und es ist mir nicht wichtig, mich an die Chronologie zu halten. Der Kalender verliert an Bedeutung, doch die Schritte sind es, die Schritte. Wer nicht mehr gehen kann, ist nicht unterwegs. Es sei denn, er lässt seine Gedanken fliegen.

I.

Accelerando a capriccio

Er war im Dunkeln aus dem Bett gestiegen, ein paar Schritte gegangen und hatte sich verirrt. Er hörte sich atmen und dachte, es ist wie der Atem eines Kindes.

Hilf mir, Peppina!, rief er in die schwarze Wand, blieb stehen und horchte. Er müsste das Zimmer doch kennen, in dem er bei jedem Neapel-Aufenthalt logierte. Aber es wies ihn ab. Er wagte keinen Schritt mehr.

Peppina, ich bitte dich!

Ihr Lachen hörte sich an, als käme eine Taube ins Zimmer geflogen. Er riss die Augen auf, es wurde noch dunkler.

Was ist mit dir, mein Verdi?, hörte er, und die Taube gurrte der Frage nach.

Hilf mir, bitte. Ich finde mich nicht zurecht.

Sie kam, ihre Schritte waren sicher. Er schüttelte

sich etwas unwillig. Sie schob ihn vor sich her, bis er mit dem Knie gegen den Bettrand stieß.

Ich kann dir das alles nicht erklären.

Peppina half ihm, sich hinzulegen, deckte ihn zu.

Er rückte zur Seite: Leg dich zu mir.

Du nimmst dir zu viel vor. Ihre Wärme teilte sich ihm mit. Wir werden älter, sagte sie.

Er antwortete ihr nicht. Sie atmeten miteinander.

Er fürchtete, sie könnte einen Satz mit »damals« beginnen, und drehte sich zur Seite. Wieder gurrte die Taube.

Ich weiß schon, sagte er, ich bin kindisch und lächerlich alt.

Beides?, fragte sie.

Beides, gab er ernst zur Antwort.

Sie hatte die Abigail im »Nabucco« gesungen, und wenn sie so nahe war wie jetzt, hörte er sie, die Primadonna Giuseppina Strepponi. Sie war, als er sie kennenlernte, einunddreißig, berühmt und hochmütig, Mutter eines Sohnes, Camillo, und ihre Stimme hielt nicht mehr. Sie verschwand, versuchte sich, wie er später erfuhr, in Paris als Gesangslehrerin.

»Wir sind überzeugt, dass sich diese hervorragende Künstlerin in diesem Winter in der eleganten Welt von Paris großer Beliebtheit erfreuen wird.« Er wusste diesen albernen Satz auswendig. Ich kann ihn noch immer, sagte er und lachte vor sich hin.

Sie sendete ihre Wärme aus: Was kannst du noch immer?

Einen Satz, Peppina.

Sagst du ihn mir?

Nein. Du kennst ihn. Weißt du noch, wie ich dich in Paris besucht habe?

Ja. Ich habe die Stadt dann mit dir verlassen.

Du sagtest, und ich wollte es nicht glauben, ich werde nicht mehr singen. Doch in einer Pause, nach der Heimreise, sagtest du auch: Ich bleibe bei dir.

Und jetzt irrst du in dem uns seit Jahren vertrauten Zimmer in der Albergo delle Crocelle umher.

Sie schlüpfte aus dem Bett. Ich will noch etwas schlafen, Verdi, schlaf du auch. Warte, bis es hell wird.

Verdi war sechzig, als er sich vornahm, nach den Anstrengungen um »Aida« eine Arbeitspause einzulegen. Zwanzig Jahre jünger, als ich es bin. Er litt unter seiner Ungeduld, unter den Wünschen und Erwartungen anderer. Er versuchte, zu Atem zu kommen. Mit Peppina zog er sich, wann immer es möglich war, nach Sant'Agata, auf seinen Landsitz, zurück. Der Besitz wuchs durch Ankäufe. Manchmal begleitete sie Teresina Stolz, die, Jahre zuvor, die Leonore in der »Macht des Schicksals« gesungen hatte, eine Stimme, der Verdi zeitweilig verfiel und gegen die Peppina nur ihre Nähe zu ihm ausspielen konnte. Sie gewöhnten sich aneinander, nachdem eine wie die andere festgestellt hatte, dass der alte Mann sie nicht der jeweils anderen vorziehe. Er redete sich die Pause ein, blieb dennoch angespannt und unterwegs. Seine Opern wurden weiter aufgeführt, die

Ricordis, seine Verleger, blieben ihm auf den Fersen, geliebte Plagegeister, bedrängten ihn mit Aufführungsterminen, Einladungen, erhofften Neues. Allein in seinem sechzigsten Jahr reiste er von der italienischen Erstaufführung der »Aida«, da strengte ihn die Regie an, nach Sant'Agata, von dort nach Mailand, weiter nach Paris, zurück über Turin nach Sant'Agata und Ende des Jahres nach Genua. Immer die langsamen Züge, die holpernden Kutschen, »gerädert«. Es ist schwer, ihm schreibend zu folgen, allen Personen, denen er unterwegs begegnete, die ihm gelegentlich wichtig wurden, einen Namen zu geben.

Er wollte sie alle überraschen, sein Publikum, die Musiker, Peppina und die Ricordis. Mit Peppina hatte er es nicht leicht, sie fragte ihn wiederholt, warum er noch an der Aida-Partitur korrigiere, und er erfand Ausreden, bei denen ihm die Stimmen der Sänger halfen. Die Waldmann war in dieser Partie noch nicht ganz sicher, erklärte er Peppina, und sie konnte es nicht lassen, ihm noch das Herzblut in den Hals zu jagen: Aber die Stolz kann alles bestens! Er beugte sich über das Blatt auf dem Sekretär und begann, mit dem Handrücken fahrig darüberzustreichen. Peppina wusste, dass er Teresina Stolz in seine Nähe wünschte, ihrer beider Nähe. Sie sang, was Peppina sang. Und dass sie sich scheiden ließ, seinetwegen, wie Peppina vermutete, ging ihr zu weit. Jetzt keine Rollen mehr, um die sich streiten ließ, keine theatralischen Rivalitäten. Er hoffte, Peppina verstand ihn, und wünschte, dass sie den vertrackten Zustand akzeptiere.

Schon im Juni des vergangenen Jahres hatte er in Genua mit dem ersten Satz eines Streichquartetts begonnen. In Neapel hatte er Zeit, da Teresina mit einer Indisposition nicht weiter an den Proben teilnehmen konnte, ihre Aida höre sich an wie ein durchgedrehter Kapaun, höhnte Peppina, und er fand das gemein.

Den ersten Satz, ein Allegro in Sonatenform, hatte er beinahe zu Ende gebracht, ein paar Erinnerungen an »Aida« waren ihm hineingeraten und um sicher zu sein, hatte er sich über Ricordi die letzten Quartette Haydns bestellt.

Giulio Ricordis Neugier war geweckt: Was haben Sie vor, Maestro?

Verdi hob die Schulter: Ich lese Haydn, um zu lernen, Giulio.

Womit er Ricordi erstaunte: Ich bitte Sie, von den wenigen Opern, die er komponierte!

Verdi bestand darauf, dass er die Noten besorge. Von Haydn kann unsereiner sowieso lernen. Und Sie, Giulio, sind von Berufs wegen ein Besserwisser.

Mit dem zweiten Satz, dem Andantino, antwortete er melancholisch den beiden Frauen, den beiden Stimmen, seiner Liebe zu beiden, einer ungeteilten, die es ihm schwermachte. Peppina wurde seine Arbeit, seine Noten-Abwesenheit, wie sie schimpfte, zu viel: Willst du mit Noten die Stimme der Stolz reparieren?

Er ließ sich nicht provozieren, dachte nicht daran, sich zu einer »Partei« zu schlagen: Sie ist schon wieder bei Stimme, Peppina, wir haben heute Vormittag geprobt, und es kann weitergehen.

Sie schickte ihrem Lachen das vertraute Gurren voraus: Und was reparierst du dann mit Noten?

Er könnte ihr erzählen, dass ihm das Prestissimo des dritten Satzes zu schaffen mache, denn es drängte ihn zu einem Cantabile, und um die Geheimnistuerei nicht zu übertreiben, gab er wenigstens preis, was ihm durch den Kopf ging: Ich bekomme ein Motiv für Cello nicht los, es geht mir nach und singt im Schlaf weiter. Hörst du? Er sang.

Das gefällt mir, Verdi. Wer soll es singen? Nur du?

Wenn es nach mir geht, Peppina, dann schon.

Sie lehnte sich gegen ihn, machte sich schwer: Womöglich vergisst du es, schreib es lieber auf. Vorsichtig, um ihre Leidenschaft nicht zu wecken, legte er den Arm um sie: Du hast recht, Peppina, das werde ich nicht versäumen, das nicht.

Draußen vorm Hotel stritten zwei Kutscher lauthals über ihre Warteposition auf der Gasse. Peppina machte sich los, küsste ihn flüchtig auf den Hals, lief zum Fenster, lachte, wie nur sie lachen konnte, den Anfang einer Arie: Den Kerlen werde ich es zeigen und mir beim Portier eigens eine Kutsche bestellen. Sie ging und hinterließ einen Luftwirbel. Er sah hinaus, beobachtete die Kutscher, die von ihren Böcken angriffslustig gestische Botschaften aussandten, doch dann stieg, mithilfe des Concierge, Peppina in die Kutsche des einen. Und die Sonderpost?, fragte er gegen die Fensterscheibe.

In den dritten Satz, dem Scherzo, für dessen Trio er das Motiv schon vorausgesungen hatte, redeten ihm die Proben zu »Aida« hinein. Vieles stimmte nicht, nachdem sich die Stimme der Stolz belegt hatte. Die Kulissenbauer schlampten, sodass die Leute auf der Bühne fürchten mussten, unter Teilen des Bühnenbildes begraben zu werden. Manchmal, wenn ihn die Wut packte, vergaß er sich. Und danach fürchtete er sich vor dem Spott Peppinas.

Er rief, nein, er schrie nach dem Bühnenmeister: Signor Calotto! Der kam, hager, ungemein fluchtgeübt und mit Augen, in denen sich die Frechheit konzentriert: Maestro, wo fehlt's?

In drei Tagen haben wir Premiere, und das komplizierte Bühnenbild kommt mir vor wie improvisiert.

Der dürre Kerl nickte und ließ die Augen funkeln: Das stimmt, Maestro, nur wenn ich mich nicht irre, haben Sie ebenfalls in den letzten Tagen improvisiert.

Er hätte ihn am liebsten gepackt und in seine wackligen Kulissen geschmissen. Doch nun hörte er sich brüllen, und der Kerl wich zurück, machte geschwind kehrt und verschwand im Bühnengang.

Er merkte die erstaunten und erschrockenen Blicke der Bühnenarbeiter, der Musiker.

Sie hatten Teresina in ihrer Garderobe alarmiert.

Sie war plötzlich da, neben ihm. Eine banale und bizarre Szene, die sich nur ein schlechter Librettist hätte ausdenken können.

Sehr leise fragte sie, um nicht weiter seinen Zorn zu schüren: Was ist, Verdi?

Sie legen sich alle quer, haben kein Interesse. Er musste aufpassen, sie nicht in seine Arme zu reißen und wie ein Hilfe suchendes Kind auf sie einzureden. Sie umfasste mit beiden Händen seine Hand: Das stimmt nicht, Verdi. Nach unendlich vielen Premieren, die du erlebt hast, müsstest du wissen, dass niemand vorher bei Trost ist. Du auch nicht. Sie lachte anders als Peppina. Ungleich bewusster.

Also komm! Sie hatten den gleichen Weg zum Hotel.

Er folgte ihrer Einladung nicht. Es geht nicht. Ich habe keine Zeit.

Er ließ sie stehen, lief zum Orchester, spürte, wie die Aufregung ihn angestrengt hatte, ihm war ein wenig übel, es drängte ihn jedoch zu planen, sich selber festzulegen, sich ein Ziel zu setzen.

Den Primgeiger mochte er. Es war ein Musiker mit Seele und Verstand. Ihm konnte er sich anvertrauen. Sie könnten mir am 1. April helfen, Camillo, und drei andere deswegen ansprechen.

Er ärgerte sich, wie umständlich er aus Verlegenheit redete.

Sie könnten, wären Sie dann willens, die erste Geige eines Streichquartetts einstudieren.

Der Musiker erwiderte fest und fragend seinen Blick. Mozart?, fragte er. Haydn?

Verdi senkte den Kopf und gab durchaus erleichtert Auskunft: Verdi.

Er hatte mit der Verblüffung des Geigers gerechnet. Der schnappte förmlich nach Luft.

Sobald ich fertig bin, bekommen Sie die Noten, und ich wäre Ihnen dankbar, wenn Sie noch Kollegen, die Sie schätzen, für ein Quartett überreden.

Der Geiger verbeugte sich, lächelte: Ja, Maestro, zu einem Quartett von Giuseppe Verdi.

Er hastete, ohne Teresina zu treffen, ins Hotel, und das Scherzo begann mit dem kurzen Atem dieses Nachmittags, ehe es singen konnte, wie er es sich vorgenommen hatte.

Viel Zeit blieb ihm nicht. Gestört wurde er immer. Peppina kam atemlos herein, erzählte von einer neuen Bekanntschaft, einem spanischen Diplomaten, der, auf der Durchreise, im Hotel wohne.

Er ist ein Verehrer, Verdi, er kennt jede deiner Opern und spielt Viola, denk dir.

Er war aufgesprungen, hatte sich vor den Sekretär gestellt, um das beschriebene Notenblatt vor Peppinas Neugier zu schützen: Der Mann muss, scheint mir, ein wahres Wunder sein.

Sie nahm, wie so oft, seine Ironie nicht zur Kenntnis und fügte, zum Vergnügen Verdis, noch mädchenhaft auftrumpfend hinzu: Zu allem sieht er auch gut aus.

Verdi klatschte in die Hände, ein Beifall, der sie bestärkte. Der Mann muss ja vollkommen sein, Peppina.

Sie sank kurz zusammen, schien sich in dem üppigen Kleid zu verlieren, lächelte fragend, und die Liebe zu ihr überschwemmte ihn: Bitte, lass mich noch arbeiten, Peppina, und grüße mir den unbekannten Verehrer.

Mit ein paar Schritten war sie bei ihm, küsste ihn, wirbelte um die eigene Achse und verschwand. Aufseufzend sah er auf die Zimmertür, die hinter ihr ins Schloss gefallen war.

Eine Woche vor der Premiere brachte er die abgeschlossene Partitur des Streichquartetts »seinem« Geiger, ein Papierbündel mit Arbeitsspuren: Gestochen wäre es Ihnen lieber, denke ich mir. Er erfuhr, dass die anderen drei gefunden seien, Cassini, der Cellist, war ihm während der Orchesterproben ohnehin aufgefallen. Viel Zeit zum Proben haben Sie nicht, warnte er, sich und mögliche Patzer bei der Aufführung entschuldigend.

Der Erfolg der »Aida«-Aufführung überrumpelte ihn. Das Publikum raste, zweiunddreißigmal musste er vor den Vorhang, im Bühnengang fielen sie ihm nacheinander um den Hals, Teresina, die Waldmann, Tito und Giulio Ricordi.

Maestro!, der alte Ricordi schwelgte beim Premierenmahl im Hotel, »Aida« sei der Gipfel seines Schaffens, und Giulio versicherte, es seien ihm beim Abschied Aidas die Tränen gekommen. Verdi hob sein Glas: Nein, nein, erwartet keine Rede. Ich trinke auf die Musik, nicht auf die Tränen.

Mit dem Concierge bereitete er die Aufführung im Foyer des Hotels vor. Es müssten sich genügend Plätze finden. Er habe nur eine Handvoll Musikverständiger eingeladen und vielleicht fänden sich mehr ein, falls sich die Sache herumspreche. Und vier Notenständer müsse er besorgen. Aber der Signora Verdi dürfte er von alledem nichts verraten.

Nach dem Triumph beim Publikum verdrossen ihn die Kritiken. Dumpfes Unverständnis, klagte er Giulio Ricordi, und dass immer wieder Wagner zum Vergleich aufgeführt werde, sei ärgerlich. Was wisse dieser Germane vom Segen der Melodie. Nichts, sage ich dir. Peppina und Teresina stimmten zweistimmig bei: Er hat ja recht, unser Verdi. Ihre Zustimmung rührte und reizte ihn. Ich habe nicht recht, nein, die Musik hat recht. Nur die Musik.

Er hat nur zwei Tage, nach dem Lärm um »Aida«. Das Quartett trifft sich zu den Proben in einem Haus an der Bucht. Er kann am Meer spazieren gehen, es lärmt anders als das Theater, doch nicht weniger theatralisch mit den Rufen der Fischer, der Händler am Quai, dem Gekreisch der Möwen und dem Schmatzen der kleinen Brandung am Ufer.

Er solle zur Korrektur kommen, hatte ihn der Primgeiger gebeten. Er schlich sich mehr oder weniger an, die musizierenden Männer bemerkten ihn erst nicht, sie spielten in einem geradezu wütenden Tempo den letzten Satz, die Fuge, die auszudenken ihn glücklich gestimmt hatte. Zum ersten Mal ein solches Stück, er war sicher, es würde sich wiederholen.

Schon sehr gut, befand er. Die Bratsche schleppe etwas. Aber doch schon sehr gut. Sie baten ihn, auch den langsamen Satz abzunehmen. Keine Menschenstimmen mehr, nicht mehr überlegen, welcher Charakter sich ausdrücken könne, in welcher Stimmlage – nur Musik, nur Instrumente und die Erinnerung an Gesang.

Er hatte auf Billetts Einladungen geschrieben und einen Boten ausgeschickt. Zu einer »musikalischen Aufführung« hatte er geladen, kein Wort davon, dass es um eine Komposition von ihm gehe und kein Bariton oder kein Sopran zu hören sein werde. Auch die Stolz, die ihn auszuhorchen versuchte in allerlei skurrilen Anläufen, ließ er nichts wissen. Peppina ahnte allerdings, dass es um die Verwirklichung seiner Heimlichtuerei gehe. Worum es sich dabei handelte, wusste sie aber nicht.

Der Concierge bat ihn, für die Ordnung der Stühle Anweisungen zu geben, einen Plan zu zeichnen. Er stellte sich ins Foyer, schob in Gedanken die Stuhlreihen rund um die vier Stühle der Musiker, erklärte dem Concierge und den beiden Kellnern die Ordnung, dass man vielleicht auch die beiden Diwans in die Reihe rücke, für die Damen. Eben die, Peppina und Teresina, boten ihm Hilfe an, was ihn aufbrachte: Es ist meine Angelegenheit, ich bitte euch, habt Verständnis.

Die Abendstimmen auf der Straße vor dem Hotel

wurden laut, die wartenden Kutscher luden wortreich mögliche Passagiere ein, Peppina hatte Lichter angezündet, sich vor den Spiegel postiert, eine noch immer schöne Frau, fand er, natürlich ein wenig schwerfällig geworden, wie ich auch, sagte er sich. Der Frack, fand er – er hatte sich neben sie in den Spiegel geschoben –, stand ihm gut und hielt ihn in Form.

Sie gab ihm mit dem Ellenbogen einen Stoß: Was hast du vor, Verdi?

Du wirst hören und sehen.

Und das wird mir nicht vergehen?

Untersteh dich. Er küsste sie auf die Wange und nahm ihren Duft mit: Komm, unsere Gäste werden schon eintreffen.

Wen hast du geladen?

Lauter Bekannte.

Auf der Treppe hinunter in die Lobby hörten sie Stimmen und Instrumente, die gestimmt wurden. Peppina hatte sich bei ihm eingehängt und drückte seinen Arm: Nun bin ich erst recht gespannt. Der Concierge empfing sie und bat Peppina, ihm zu ihrem Platz zu folgen. Sie warf Verdi einen fragenden Blick zu. Und du, Maestro?

Er hatte sie neben Teresina gesetzt, auf einen Diwan. Wenn es um diese Musik geht, müssten sie sich vertragen, fand er.

Neue Gäste lenkten ihn ab, der alte und der junge Ricordi, die ihm versicherten, sich auf seine Überraschung zu freuen. Und Maria Waldmann, seine Amneris, mit ihrem Liebsten, dem Herzog Massari. Nach und nach kamen auch Orchestermusiker, die gespannt auf den Auftritt ihrer Kollegen waren, und einige neugierige Hotelgäste sorgten dafür, dass noch Stühle aufgestellt wurden.

Als die vier Musiker in den Kreis traten, ihre Plätze vor dem Publikum einnahmen, war ein erstauntes Gemurmel zu hören. Der Geiger warf Verdi einen auffordernden Blick zu. Er wusste, dass der Maestro vor der Aufführung noch einige Sätze sagen wollte.

Er lief, wie von einer Schnur gezogen, durch die Reihe zwischen den Plätzen, in seinem Kopf sammelten sich Sätze, die er vorher aufgeschrieben hatte. Ich alter Esel – er stellte sich neben dem Quartett auf, verbeugte sich leicht, erwartete, dass ihm schwindlig werde, und schaute Hilfe suchend zu Peppina auf dem Sofa, vielleicht auch zu Teresina, und beide lächelten ihm aufmunternd zu.

Liebe Freunde, begann er und hörte sich verwundert selber reden, liebe Freunde, während der Schwierigkeiten mit »Aida« und durch eben dieselben aufgetretenen Pausen komponierte ich, was ich mir bisher nicht zugetraut habe, ein Streichquartett, ein Gedankensprung nach »Aida«. Der Geiger in seinem Rücken unterstrich diese Bemerkung mit einem leisen Lachen.

Es steht in e-Moll und hat vier Sätze. Er machte eine Pause, wie um drei Sätzen Platz zu machen; den vierten hingegen kündigte er mit Nachdruck an: Zum Schluss hören Sie eine Fuge.

Während er sich zuhörte, trat er aus sich heraus

und sah sich, über den Sekretär gebeugt, schreiben, sah sich am Klavier im Lesezimmer, spürte die Aufregung, die durch seine Heimlichkeit hervorgerufen wurde, das Vergnügen, bald so weit zu sein und die musikalische Welt mit einer Komposition zu überraschen, nicht mit der Ankündigung einer Oper, nicht mit einer neuen Fassung des »Don Carlos«. Und nun war es auf der Welt, was ihn, wie einen Buben, beschäftigt hatte. Jetzt hörte er.

Sie spielten die Fuge zu hastig, sodass die Stimmführung nicht mehr deutlich zu hören war. Er war im Gang stehen geblieben, setzte sich nun und unterdrückte den Drang dazwischenzurufen.

Wie oft habe ich mir das Quartett angehört, bis zur Fuge. Und wie oft habe ich Verdi vorausgedacht, der ich sein Werk bis zum Schluss, bis zum »Falstaff« kenne, diese Oper, in der die glanzvollste Fuge für Menschenstimmen zu hören ist.

Warum wurden sie immer zum Ende hin süchtig nach dieser wunderbaren Mathematik? Schubert, der kurz vor seinem Tod zu Melchior Sechter in die Fugenstunde ging, Schumann, der noch in der Psychiatrie sich zur Ordnung rief und fugierte. Kann es sein, dass es die Erinnerung an die Kinderstimme ist, die beim Kanonsingen sich nicht aus der Spur bringen lässt, von den andern? Kann es auch sein, den Kern der Musik so durchsichtig zu machen wie einen geschliffenen Diamanten?

II.

Andante con spirito

Es war eine Art Rauschen, auf dem sein Gedächtnis sich bettete, wie Trauer, die noch keinen Grund hat. Kaum waren sie in Sant'Agata angekommen, zog er sich in sein Zimmer zurück, ohne wie sonst die Leute in und rund um die Villa zu begrüßen, nach den Pferden und den Hunden zu schauen. Peppina hielt sich zurück, schwieg, ging gleichsam auf Zehenspitzen: Verdi, erklärte sie dem Bürgermeister von Busseto, der dem berühmten Sohn seiner Stadt zu dem Erfolg in Neapel gratulieren wollte, Verdi braucht nach allem Ruhe.

Das Quartett hallte nach, und das Echo, das es hervorrief, wurde ihm lästig. Tito Ricordi fragte nach, wann er die Noten stechen lassen könne, und der Präsident der Gesellschaft für Kammermusik in Mailand, Prinetti, wünschte eine öffentliche Aufführung. Er winkte ab, er habe das Quartett in müßigen

Stunden geschrieben und »es eines Abends bei mir zu Hause aufgeführt«. Was nicht ganz zutraf. Aber das Hotel delle Crocelle in Neapel zählte zu den Wohnungen unterwegs, die längst ein Zuhause waren, wie das Grand Hotel in Mailand und die Wohnung in Genua.

Er schickte einen der herumstreunenden Bauernjungen nach dem Verwalter aus, er wolle ihn noch vor dem Abendessen sprechen. Peppina war verschwunden. Er hörte sie lachen, ihr Gelächter wanderte durchs Haus.

Dichter, in einzelnen Schwaden sich ballender Nebel kam vom Po her. Er lehnte sich gegen die Haustür, merkte, dass atmen ihm schwerfiel. Mit diesem Nebel war er aufgewachsen und seine Mama hatte ihn oft gewarnt, sich nicht im Nebel zu verirren. Aus dem Dunst schälte sich, schwarz und schwer, Antonio, der Verwalter: Sie wünschen mich zu sprechen?

Ob die Entwässerung der Äcker inzwischen vorangeschritten sei?

Der Mann holte tief Atem, als habe er einen schweren Gang vor sich: Die Drainage, Signor Verdi, ist nicht einfach, sie muss überlegt sein, und bei dieser Witterung fällt sie uns auch nicht leicht. Er atmete noch einmal hörbar ein, dann brach es aus ihm heraus: Das ist ja wahrlich eine gottverlassene Gegend, wir wissen uns kaum zu helfen, wenn es Sie nicht gäbe, gestern wäre eines meiner Kinder beinahe gestorben, weil es eine Ewigkeit dauerte, bis angespannt war, und eine weitere Ewigkeit, bis wir das Krankenhaus erreichten. Jetzt liegt es dort, wird ordentlich gepflegt und seine Mutter braucht einen halben Vormittag, um zur Klinik zu wandern.

Peppina, die jede Bewegung im Haus und um das Haus wahrnahm, auch jede Stimmung, die ihn umtrieb, fragte, als er ins Zimmer gehen wollte, mit wem er sich unterhalten habe und was ihn so bedrücke.

Ich muss ein Krankenhaus bauen lassen für unsere Gegend. Wir sind hier schlecht versorgt.

Sie lehnte sich gegen den Türrahmen: Willst du Bürgermeister werden, ohne Auftrag? Oder Gouverneur? Was kümmerst du dich, was sorgst du dich?

Ich habe Geld dafür, Peppina, und diese armen Schlucker haben es nicht, sie können sich nicht helfen, sich nicht wehren. Er erzählte ihr, was er von Antonio erfahren hatte. Sie erwiderte seinen Blick, ihr Lächeln warf feine Falten um die Augen: Mein Verdi will also die Welt besser machen.

Er schüttelte heftig den Kopf: Nicht *die* Welt, *meine* Welt, Peppina.

Es ist auch meine, Verdi.

Das wusste er. Wie oft hatte sie ihre Kindervergangenheit an dem üppigen Leben gemessen, das sie führten, vom Elend erzählt, den Pflichten, denen sie schon als Fünfjährige nachkommen musste, von den Strafen, unter denen sie sich geübt weggeduckt hatte.

Sie fasste nach seiner Hand und zog ihn hinter sich her in den Salon. Sie rückte ihm einen Sessel zurecht, blieb hinter ihm stehen, nachdem er Platz genommen hatte, legte das Kinn auf seinen Kopf und sagte, dass er Wort für Wort spürte: Ich gehe jetzt Brot holen und Öl und du sorgst für den Wein.

Er grübelte, welcher Ort in der Nähe sich für ein Krankenhaus eignen könnte. Er wollte noch einmal mit dem Verwalter sprechen, doch ein Telegrammbote kam ihm dazwischen. Peppina warnte: Er solle den Umschlag erst im Laufe des Tages öffnen, wahrscheinlich bringe das Telegramm nur Ärger. Es ist entweder von den Ricordis oder von einem Theater.

Er lachte, gab ihr nach, aber als er den Umschlag dann doch aufriss, rief er mit einem Kinderschrei: Komm! Peppina, komm! Sie war sofort zur Stelle: Was um Himmels willen ist dir passiert?

Er drückte das Papier gegen die Brust: Es ist von Clara Maffei. Sie schreibt: »Manzoni ist gestorben.« Er ist tot, Peppina.

Verdi war ihm nur wenige Male begegnet, bei der Gräfin Maffei, ihm, dem Freiheitsdichter der Lombardei. Nun war sie frei von Österreich. Und Italien eine Nation. Manzoni und er hatten dazu beigetragen, hatten der Sehnsucht eines Volkes in ihrer Kunst Ausdruck gegeben. Die Trauer wurde laut. Der Bürgermeister von Busseto erschien mit einigen Granden der Stadt und fragte nach, ob er, Verdi, sie alle bei dem Begräbnis in Mailand vertreten könne. Er war nahe daran, sie wütend aus dem Haus zu treiben, beließ es dabei, sie und auch Peppina, die sich empört dazugesellt hatte, zu überraschen: Ich werde nicht an dem Begräbnis teilnehmen. Und war sicher, damit Klatsch und Gerüchte auszulösen.

Bei Giulio Ricordi, der ihn erwartete, entschuldigte er sich: »Ich komme morgen nicht nach Mailand. Ich brächte es nicht übers Herz, das Leichenbegängnis mitzumachen. Doch ich komme, bald, um das Grab aufzusuchen, allein, ungesehen. Und vielleicht, um einen Vorschlag zu machen.«

Die Leute aus Busseto verließen das Haus und den trauernden und unruhigen Verdi, dem Peppina aus dem Weg ging, der sich ans Klavier setzte und ein Quod libet spielte, bis er aufsprang und aus dem Stapel unerledigter Papiere das »Libera me« für das Rossini-Requiem italienischer Komponisten fischte. Peppina erfuhr als erste, was er vorhatte: eine Messe, ein Requiem zum Andenken an Manzoni.

»Requiem aeternam dona eis, Domine et lux perpetua luceat eis«, antwortete sie ihm.

Du kennst es, du kannst es. Genau genommen war das nie mein Text. Nur drängt es mich jetzt, Abschied zu nehmen von einem Großen unserer, meiner Geschichte.

Er reiste nach Mailand, bezog seine Suite im Grand Hotel. Der Sommer brach aus, es war heiß und auf die Hitze hatte er sich nicht eingestellt. Er riss alle Fenster auf, setzte sich an den Schreibtisch und horchte auf die Stadt. Ihr Lärm schien ihm gedämpfter. Er hatte begierig Nachrufe auf Manzoni gelesen, um der allgemeinen Trauer auf den Grund zu kommen. Keiner, fand er, spräche von Manzoni: »Viele Worte, aber keins im Tiefsten erfühlt. Was sind wir doch für ein rohes Volk.«

Bei Chiarina Maffei kündigte er sich an: »Ich bin in Mailand, aber bitte, sagen Sie es niemand, niemand! Wo ist der Heilige begraben? Ich komme morgen zu Ihnen, nach zehn.«

Er bat Giulio Ricordi ins Hotel, überraschte ihn mit der Ankündigung des Requiems, worauf Giulio sofort zu planen begann, unbedingt müsse die Messe in Mailand aufgeführt werden und den Bürgermeister wie auch die Leitung der Scala werde er, damit es keine Komplikationen gebe, gleich verständigen.

Immer, wenn ich etwas vorhabe, beklagt er sich später bei Peppina, versetze ich die anderen in Unruhe, in Aufregungen und leide darunter. Sie antwortete entschieden: Du bist Verdi und du regst mit deiner Musik halt die Leute auf.

Clara Maffei reagierte nicht weniger enthusiastisch: Es wird ein Nachruf sein, der für alle Ewigkeit Bestand hat. Sie erinnerte an den unglücklichen Mariani, der die Rossini-Messe hätte dirigieren sollen, der »elegante Angelo von den riesigen schwarzen Augen«.

Er war nie zuverlässig. Verdi wehrte sich gegen diesen erinnernden Überschwang. Immer sprunghaft, immer ablenkbar, immer in Affären verstrickt. Teresina kann eine Arie davon zum Besten geben.

Aber nein, Clara Maffei widersprach leise und entschieden, Sie tun ihm, fürchte ich, unrecht, Verdi.

Er mochte und bewunderte die Gräfin, ihre politische Standhaftigkeit, ihren Kunstsinn und ihre Gabe zur Freundschaft. Er ist krank, es geht ihm nicht gut, sagte sie, erhob sich: Ich habe keinen Menschen wissen lassen, dass Sie Manzonis Grab besuchen. Sonst müssten wir durch ein Spalier von mittrauernden Gaffern.

Das gab es nicht. Chiarina und Giulio Ricordi ließen ihn allein an dem Grab, auf dem sich Blumen und Kränze türmten. Er stand, ließ seinen Blick über die Gräber wandern und sagte: Ich kann nicht beten, Manzoni, warte auf meine Musik. Er rief sich die Begegnung mit dem Dichter ins Gedächtnis, auch damals hatte Chiarina Maffei die Regie geführt: Manzoni befand sich zufällig im Palazzo Maffei, ein Gast wie jeder andere, doch für Verdi einer, den er bewunderte, verehrte, dessen Kunst ihm nahe war, die er für sich und seine Geschichte in Anspruch nahm. Er hörte in wechselnder Entfernung die Stimmen Giulios und Chiarinas, Vögel redeten dazwischen, und ein schleifender Schritt wischte das Tongespinst beiseite.

Hör zu, Manzoni, sagte er und begann zu deklamieren, den Anfang von »I promessi sposi«, er hatte ihn auswendig gelernt, als er das Buch mit sechzehn Jahren gelesen hatte, zum Erstaunen der Eltern: »Jener Arm des Comer Sees, der sich nach Süden wendet, um zwischen zwei ununterbrochenen Bergketten lauter Buchten und Busen zu bilden, je nachdem die Berge vorspringen oder zurückweichen, verengt sich beinahe mit einem Schlag, um Lauf und Gestalt eines Flusses anzunehmen.« Mit gesenktem Kopf sagte er: Ich kann es noch, Manzoni, schloss die Augen, sah die Landschaft, die er vor sich hin gesprochen hatte, eine wunderbare Kulisse.

Giulio Ricordi, Giuditta, seine Frau, sein Vater Tito erwarteten ihn mit Peppina, die Verdis Verblüffung kindlich genoss, ihn bei der Begrüßung kniff und streichelte: Tito hat mich, kaum warst du fort, geholt. Nun bin ich bei euch.

Abende wie dieser wiederholten sich. Rezitative, deren Steigerung er schürte, abwartete und genoss. Tito Ricordi versprach, sich an den Bürgermeister zu wenden, damit die Stadt keine Schwierigkeiten bereite. Er denke sich San Marco als Stätte der ersten Aufführung, einem Requiem Verdis angemessen, und danach, für die Welt, die Scala. Ich werde so verhandeln.

Und ich, setzte Verdi fort, werde das Werk mit dem Orchester der Scala einstudieren und dirigieren.

Peppina kam auf Mariani zu sprechen, als wüsste sie von der vorausgegangenen Unterhaltung. In einer für sie ungewöhnlichen Versöhnlichkeit bemerkte sie: Mariani, die arme Seele, wird Ruhe haben, wenn die Messe, die er mit seiner Schlampigkeit verhindert hat, schließlich doch von Verdi vollendet ist.

Sie stießen auf die arme Seele und das Gelingen des Requiems an und Verdi genoss es, dass ein umständliches und allzu langes Rezitativ durch ein Arioso unterbrochen worden war.

Bis er mit dem Komponieren beginnen konnte, versetzte ihn ein heftiges Sommerwetter, ein Wechsel von atembeklemmender Hitze und schweren Gewittern, dazu Pannen in seiner Landwirtschaft, in eine Art Lähmung.

Seit die Ricordis die Welt wissen ließen, er komponiere, Manzoni zum Gedächtnis, ein Requiem, brandeten Wünsche, Gerüchte in Gestalt von Einladungen, Vertragsentwürfen gegen den Schutzwall an, den er sich, ohnehin rasch ermüdend, gegen die Störungen aufgebaut hatte: Ich will nichts wissen.

Er will nichts wissen, gab Peppina weiter. An den Mailänder Bürgermeister, der ihm die Stadt als Aufführungsort anbot, schrieb er: »Wenn die Arbeit an der Musik weit genug fortgeschritten ist, werde ich nicht versäumen, Ihnen mitzuteilen, welche Mittel erforderlich sind, damit die Aufführung unseres Vaterlandes würdig werde und eines Mannes, dessen Verlust wir alle beweinen.«

Er vermied Gespräche mit Peppina.

Er spazierte durch den Park.

Er hielt sich bei den Pferden auf, redete mit ihnen.

Er ging allen, die sich an ihn wenden wollten, aus dem Weg.

Er sei unausstehlich, wie immer, wenn er etwas beginne, stellte Peppina fest. Da hatte er längst das Requiem aeternam und das Kyrie dazu komponiert, ohne dass es ihr aufgefallen war. Denn er befand sich schon wieder in den Vorbereitungen auf eine Reise. Verhandlungen mit der Oper in Paris waren längst schriftlich verabredet und standen an. Er bestand darauf, ohne Giulio zu fahren. Mit dem im Pianissimo aufgehenden Kyrie eleison in Gedanken, brach er auf, verabschiedete sich von Peppina, die ihn ungern allein fahren ließ.

Der Wechsel von Kutsche und Eisenbahn tat ihm gut. Er wurde zur Eile genötigt. Manchmal geriet er außer Atem. Wenn es dazu kam, feuerte er sich selber an und fand sich dabei kindisch. In seinem Hotel wurde er, wie immer, aufgeregt empfangen, es hätten sich auch bereits Besucher angemeldet, er wehrte ab, nicht jetzt, nicht gleich, legte sich in seinem Zimmer hin und schlief den ganzen Nachmittag. Er wachte auf, als es schon dunkel war. Noch beim Einschlafen hatte ihn die Sommersonne geplagt. Er griff neben sich, stellte fest, dass Peppina fehlte, holte aus dem Koffer das begonnene Requiem und nahm sich vor, die Verhandlungen mit den Direktoren der Opéra Comique so knapp wie möglich zu halten. Nach dem ersten Treffen wusste er, dass sie wussten, was er erst einmal aus den Verhandlungen aussparen wollte: dass er an dem Requiem arbeite. Es sprach sich herum, auch die Ricordis sorgten für Aufsehen. Er schreibe an einer Totenklage für Manzoni, die Seele der Lombardei.

Sie ließen ihm keine Ruhe. Aber er nahm sie sich. Das dies irae wurde zur Szene: »Tuba mirum spargens sonum«.

Peppina schrieb er, dass die Opéra Comique das »Requiem« mehrfach aufführen wolle. Nach all den Opern! Und Maria Waldmann hatte sich an Peppina gewandt mit der Frage, ob sie denn nicht den Sopran in dem Requiem singen dürfe.

»Quid sum miser tunc dicturus«. Weh, was werd ich Armer sagen. Er schrieb, war dankbar, dass ihm ein Flügel in die Suite gestellt worden war. Er nahm sich vor, nicht dramatisch zu werden. Mit einem Adagio dämpfte er den Aufruhr, der in ihm tobte. Nicht die Trauer um Manzoni, es war die Ohnmacht, noch am Leben zu sein.

Der Herbst strich schon mit einem kreiselnden Wind durch die Parks, als er nach Hause reiste. Bis Sant'Agata war der Herbst noch nicht gekommen. Er genoss es sehr, mit Peppina durch den Park zu spazieren, sie in die Remise zu führen, ihr höflich in eine Kutsche zu helfen, sich mit einer Verbeugung davonzumachen, zu den Pferden, denn in den Stall ging sie ungern. Danach aber, ehe sie die Villa betraten, konnte sie ihn, so wollte es der Brauch, mahnen, die dreckigen und stinkenden Stiefel auszuziehen.

Ehe sie, vor Silvester, nach Genua ins Winterquartier fuhren, fragte Peppina, ob es denn Sinn habe, Sant'Agata zu verlassen, mitten in der Arbeit und jetzt, wenn es kalt und das Meer unruhig werde. Um ihr vorzuführen, wie weit er mit der Arbeit bereits war, und um sie zu beruhigen, gab er ihr die Noten mit dem »Lacrimosa dies illa«. Sie las, sang, und ihre Stimme war noch erstaunlich fest und begann zu schwingen.

Gut, sagte er. Sie war nicht sicher, ob er sich oder sie meinte. Ja, gut, sagte sie und meinte ihn.

Er genoss es, im Palazzo Doria in Genua anzukommen. Der Hausmeister und seine Frau schleppten die Koffer, fragten gleich, ob sie in den nächsten Tagen Gäste erwarteten, wann es nach ihrem und keineswegs nach Verdis Verständnis einen »Empfang« gab.

Claudio, der Majordomus, trug sofort den längst erprobten Stuhl auf die Terrasse, erklärte mit Bedauern, dass Regen sich ankündige, die Luft sei feucht und weich, aber sie wollten ihn und die Signora gleich in Ruhe lassen, nach der Reise, sie brauchten ja nur mit der Glocke zu rufen.

Geh hinaus, riet Peppina, solange es noch nicht regnet.

In den Tagen danach ließ er sich treiben, mied den Flügel und den Schreibtisch, er lud Peppina zu Spaziergängen ein, zum Diner in ein vertrautes Restaurant. An Nachmittagen empfing er Besucher, Sänger, Musiker und, wie er im Nachhinein feststellte, schlechte und mittelmäßige Dirigenten.

Er wollte die letzten Passagen des Requiems durchgehen, aber der Faden schien gerissen. Ich muss warten, bis ich mich wieder höre, sagte er sich.

Peppina beunruhigte seine Untätigkeit, auch dass er gar nicht auf seine Arbeit zu sprechen kam. Er regte sich auf über Giulio, der mit unnötigen Projekten ihn und auch die anderen Beteiligten strapaziere. Der Präsident des Teatro Comunale Triest lud ihn zur Premiere der »Aida« ein, er wünsche ihn als Ehrengast. Doch »es ist nicht nach meinem Geschmack, im Theater einzig und eingestandenermaßen zu dem

Zweck zu erscheinen, mich als Sehenswürdigkeit betrachten zu lassen«. Er gab den Brief Peppina zum Lesen.

Das habe ich mir gedacht.

Seit wann weißt du von dieser Einladung? Er begann das Blatt zu falten und schob es in einen Umschlag. Seit wann?, fragte er und gab seiner schlechten Laune Zunder. Seit du mir den Brief aus Triest zu lesen gabst, Verdi. Sie sagte es ernst und entschieden, lachte nicht, lächelte nicht, denn so hätte sie ihn aufgebracht.

An einem Abend, der seiner Unruhe antwortete – den Tag über hatte eine schwüle Luftmasse über der Bucht gelagert und in der Dunkelheit feuerte ein Gewitter seine Blitze ab –, an diesem Tagesende beruhigte er sich mit dem Offertorium, führte die vier Stimmen zusammen, das »Quam olim Abrahæ«, rief die Celli und sie konnten singen. Nun konnte es weitergehen. Nach diesem Gesang die Trompetenstöße des Sanctus. Ehe er schlafen ging, gab er Peppina die Blätter. Er mochte es, wenn sie Noten las. Sie sang inwendig nach und manchmal stießen die Laute von innen gegen die Lippen, die sich bewegten.

Sie gingen miteinander am Meer spazieren. Peppina an seiner Seite wie ein Kind, das fürchtet, fortgeweht zu werden. Sie riet ihm, sobald er mit dem Sanctus fertig sei, die Noten Ricordi zu schicken.

Nicht zu früh, meinte er und drückte heftig ihre Hand. Sie war solches Zögern an ihm nicht gewohnt: Du wirst die Welt mit dieser Komposition erstaunen. Sie erwartet ja nur Opern von dir. Wieder verblüffte ihn, wie sie mit seinen Stimmungen spielte, ihnen nachgab. An einen Freund schrieb er, »mir scheint, ich bin ein seriöser Mensch geworden und bin nicht mehr der Bajazzo des Publikums, der mit einer großen Trommel oder Pauke ausruft: Avanti, avanti, tretet näher. Ihr werdet verstehen, wenn man heute über Opern mit mir spricht, dann empört sich mein Gewissen. Was meint Ihr dazu?«

Er gab, was er nicht häufig tat, Peppina den Brief zu lesen, dann gingen sie ins Billardzimmer und spielten.

Du sagst dir selbst, Verdi, dass du keine Oper mehr komponieren möchtest, nach dem Lärm um die »Aida«.

Und nach allem Ärger mit Ricordi.

Er stieß eine Kugel mit solcher Heftigkeit über den Tisch, dass sie über den Rand sprang. In einer Zeitung aus Neapel, die ihm ein ebenso freundlicher wie missgünstiger Gast gebracht hatte, fand er einen Artikel über die schlampigen »Aida«-Aufführungen dort, das Orchester sei an den Abenden nur zufällig besetzt, die Amneris zeichne sich durch Lustlosigkeit aus und Aida suche nach ihrer Stimme. Er schrieb sofort an den Verlag: »Lieber Tito, wie kommt es denn, dass man an etlichen Abenden die ›Aida‹ auf diese Art aufführt und das Haus Ricordi sich mit dazu hergibt? – Ich stelle aufgrund unseres Vertrags in aller Form das Begehren, dass die Unternehmung in Neapel zum Ersatz des Schadens und aller verletzten Rechte herangezogen werde.«

Die Briefe gingen hin und her. Tito, der Senior,

versuchte seinen berühmtesten Autor zu beruhigen, der gab allerdings nicht nach, der Verlag ziehe die Tantiemen ein, gäbe sich zufrieden, und es sei ihm schnurzegal, ob die Rechte des Autors verletzt würden.

Die Arbeit an der Messe und die Unruhe, je näher er dem Finale kam, nahmen überhand. Peppina stellte sich auf Turbulenzen ein. Mit dem »Lux aeterna« erreichte er das fürs Rossini-Requiem komponierte »Libera me«. Und als müsste die Musik eine alte Geschichte wachrufen, meldete sich Teresa Stolz mit dem Wunsch, er solle unbedingt bald mit Peppina nach Mailand kommen, sie »als alter Grützkopf« wolle nicht allein ihre Partie durchgehen.

Maria Waldmann wartete ebenso ungeduldig. Und, geradezu hinter vorgehaltener Hand, sagte Teresa, dass Mariani, mit dem der Maestro deswegen gebrochen habe, weil er das Rossini-Requiem verschlampte, sehr krank sei.

Der kalte Wind trieb sie aus Genua fort. Eine Ehre widerfuhr ihm, der aus seiner Versteckklause nur schwer zu locken war, er wurde zum Senator ernannt, »eine Leuchte Italiens«. Die Verleihung war ihm peinlich, er fragte nach den Pflichten, die ihn erwarten.

In Sant'Agata ließ er sich vom Verwalter begleiten, über den Zustand der neuen Einrichtungen berichten, ob die Mühle noch funktioniere, die Käserei mit Erfolg arbeite, die Bewässerung keine Schwierigkeiten mache. Peppina spottete über seinen Eifer, seine Verwandlung vom Maestro zum Bauern.

Sie habe gut reden, wehrte er sich und erzählte ihr von dem Krankenhaus in Villa Nova, das keineswegs zum Segen der Patienten effektiv arbeite.
Die Waldmann und die Stolz, »meine beiden Soprane«, wie er sie im Gespräch mit Peppina nannte, warteten in Mailand, er zog mit Peppina ins Grand Hotel, wurde von Giulio und dem Bürgermeister empfangen, zwei Aufgeregte. Der Umzug aus der Kirche in die Scala, der Andrang des Publikums, mache ihnen zu schaffen, seit die Aufführung des Requiems bekannt ist. Sie redeten auf ihn ein, er beschwichtigte, Peppina bat, nicht alles zu überstürzen.

Ich frage mich, ob er sich während der Arbeit am »Requiem« nicht an seine Anfänge, an seine Lehrer erinnert hat, an Pietro Baistrocchi, der ihn in Le Roncole an der Orgel, in Latein und in Italienisch unterrichtete, an seinen Gymnasiallehrer in Busseto, den Priester Pietro Soletti, an Ferdinando Povesi, der ihn in Komposition unterwies. Da begann er sehr früh, was er mit dem »Requiem« fortsetzte, er komponierte eine Kantate für Bariton und Orchester, »I Deliri di Saul«. Mir scheint es, als schließe sich ein Kreis: Die Arie darf nur da erscheinen, wo es ihr vorgeschrieben, gleichsam erlaubt ist. Das Rezitativ, der erzählende Sprechgesang, nimmt ihn von nun an gefangen.

Die Stolz und die Waldmann meldeten sich gemeinsam, ein Page klopfte für sie an. Er hatte Peppina schon vor diesem Auftritt gebeten, während der Proben die Suite zu verlassen. Aber sie blieb. Sie stritt es ab, als er ihr erklärte, sie harre aus Eifersucht aus. Aber noch immer beobachtete sie misstrauisch, wie Verdi und Teresina miteinander umgehen, hörte ihre Gespräche auf verräterische Wendungen ab. Er konnte ihr diese Narretei nicht ausreden. Aber er spürte, dass die Spannung nachließ und die beiden Frauen sich mehr und mehr verstanden.

Teresa drängte, sie habe nur wenige Fragen, die sie allein beträfen, und nur eine, die sie und Maria Waldmann angingen.

Peppina zog sich zurück, nicht ins Nebenzimmer, sondern in den Erker, in dem ihre Anwesenheit nicht störte, wie sie später in einem Streit mit Verdi behauptete.

Immer bedrückst du mich mit deiner Eifersucht, deinem Misstrauen.

»Recordare Jesu pie/Quod sum causa tuae viae«. Verdi sprach den Text, die Melodie in der Rede andeutend: Sing, Maria. Die Waldmann sang und Teresina fiel ein. Beide standen eng aneinander vor dem einzigen Notenständer. Peppina musste ihn um dieses schöne Paar beneiden. Sopran und Mezzo, hell und dunkel, nicht zu schnell, nicht zu langsam, »lo stesso tempo«.

Erst jetzt setzte er sich ans Klavier und gab den Stimmen einen Grund.

So habe ich mir das ganze »Requiem« gewünscht, rief er. Als die beiden Sängerinnen geendet hatten, applaudierte Peppina. Der Applaus hörte sich an wie eine sehr ferne, aber glückliche Antwort auf das Duett.

Chiarina Maffei schaute am späten Nachmittag vorbei, lud zum Abendessen ein: Alle!, erklärte sie mit einnehmender Geste. Er dirigierte, spielte, stand auf, spielte, verneigte sich vor der kleinen zierlichen Dame, die schon eine Ewigkeit die gute Seele seiner Kunst war. So nahm er, die rechte Hand auf der Klaviatur, die linke auf dem Herzen, die Einladung an, und die drei Primadonnen sagten mit zwitschernden Lauten zu.

Gut, gut – die Gräfin verschwand.

Die Tage vor der Premiere traf er sich mit dem Orchester und den vier Solisten in San Marco und wechselte morgens mit ihnen in die Scala. Wie ein Schwarm scheuer Tiere huschten sie durch die Gassen vor San Marco, wo der Meister überlegte, wie er mit dem Publikum in den Querschiffen korrespondieren könne. Sie werden nichts sehen, aber alles hören. Die Scala kannte er nur zu gut. Das Orchester auch. Nur musste er die Musiker aus einer sonderbaren Demutsstarre rufen, denn sie nahmen an einer wunderbaren Verwandlung teil, der des weltberühmten Opernkomponisten in einen Komponisten religiöser Musik. Der Primgeiger hatte ihnen allerdings in einer Probe ohne Dirigenten klargemacht, dass der Maestro auch in seinen Opern habe Trauer ausdrücken können, weil er eben ein grandioser Menschenschilderer und -kenner sei, sei er fähig, jeder Arie und sogar jedem Rezitativ Empfindung aufzuprägen.

So waren die Musiker vorbereitet.

Zur Generalprobe waren die Ricordis, eine Handvoll Freunde und Chiarina Maffei geladen.

Die Maisonne leuchtete die Stadt aus, verlieh den Schatten einen weichen Rand. Die Steine schienen an Gewicht zu verlieren und die Passanten auf der Straße vertrieben sich die Zeit.

Verdi wies die Musiker darauf hin, dass Manzoni vor einem Jahr, am 22. Mai, gestorben sei. Vor einem Jahr. In diesem Jahr hatte er gelernt und vergessen, was vorher gewesen war. Vorsätzlich vergessen! Die Bühne vergessen, die von der Musik bewegte Szene, den Furor und die Einsamkeit der Stimmen.

Als sie abends zu viert Gast von Clara Maffei waren, erinnerte sich Verdi an die Anfänge ihrer Freundschaft: Beseelt vom Risorgimento, der Hoffnung auf ein vereintes Italien – und ich in eine andere Gesellschaft katapultiert durch den Erfolg des »Nabucco«. Die Gräfin war die Muse unseres Freiheitstraums.

Sie wehrte ab, senkte den Kopf und als sie ihn hob, strahlte sie. Ach Maestro, sagte sie und ihre ohnehin warme und dunkle Stimme bekam einen schwelgerischen Grund.

Ach Contessa! Verdi, nach all den Anstrengungen überraschend ungestüm, hob das Glas: Auf unsere Gastgeberin, auf die Freiheit, auf unser Land.

Die Stadt wartet auf dich. Mehr sagte Peppina nicht. Sie ging ihm aus dem Weg. Er kleidete sich sorgfältig, bürstete ausdauernd den Frack, kämmte den Bart, merkte gar nicht, dass Peppina den Platz vor dem Spiegel geräumt hatte, für ihn – doch er war schon unterwegs.

In der Kirche sammelte sich Publikum: Der Bürgermeister und Würdenträger des Staates, Peppina und Chiarina Maffei in der ersten Reihe. Er stand vor dem Orchester, die Musiker sahen erwartungsvoll zu ihm auf, es fiel ihm ein, dass er, seit er ein Bub war und in die Kirche musste, nie mehr gebetet hat. Zugleich fragte er sich, warum ihm das jetzt einfalle. Er hob die Arme. Jetzt hörte er, was er hören wollte. Der Chor reagierte, wie er es ihm in den Proben eingeprägt hatte: »Requiem aeternam«.

Beim Agnus Dei, Maria und Teresina sangen genau und aus ganzer Seele, wie er es gewünscht hatte, wurde ihm schwindelig und er trat, um nicht zu fallen, auf dem Pult hin und her. Die Fuge zum Schluss gab ihm wieder Halt: »Libera me, Domine«.

Die Stille danach bebte geradezu. Es wurde ihm gratuliert, er wurde umarmt.

Der Bürgermeister empfing.

Am nächsten Tag, in der Scala, jubelte das Publikum.

Es war wie immer: Er war mit der Arbeit zu Ende und taumelte ins Leere, fragte sich, ob ihm die Komposition gelungen sei. Im Salon von Chiarina Maffei ließ er sich loben, sammelte Lobhudeleien, freute sich aber, dass seine beiden Sängerinnen beteuerten, seine Musik habe sie ergriffen und verändert.

Giulio Ricordi gab sich Mühe, ihn mit guten Nachrichten zu unterhalten und zu besänftigen: Mit der Opéra Comique in Paris habe er einen Vertrag über sieben Aufführungen des »Requiem« geschlossen, mit der Albert Hall in London über vier, mit der Hofoper in Wien ebenfalls vier. Vorausgesetzt er sei anwesend und dirigiere.

Verdi hörte ihm zu, nickte: Anwesend sein und dirigieren bedeutet für dich und deine Vertragspartner vermutlich das Gleiche, Giulio.

Darauf bekam er keine Antwort. Giulio Ricordi verzog sich mit hochgezogener Schulter.

Ich traue diesen Kerlen nicht, sagte er zu Peppina, die nahezu jede Kritik, wenn das Gespräch unvermeidlich aufs »Requiem« kam, in Teilen zitieren konnte. Bis auf eine, die ihr Chiarina zusteckte, denn sie allein könne dieses Machwerk dem Maestro vorlegen, ohne dass er vor Zorn platze.

Peppina ließ sich und ließ ihm keine Zeit. Sie war gleich bei ihm, klatschte mit der flachen Hand das Zeitungsblatt auf den Tisch. Es ist auf Deutsch, Verdi, streng dich nicht an, es dir zu übersetzen.

Ich kann es, wie du weißt, Peppina.

Er warf einen Blick auf die Seite, las den Namen des Rezensenten: Hans von Bülow. Peppina, auf Deutsch! Er fuhr mit dem Zeigefinger jede Zeile entlang.

Das habe ich mir denken können, sagte er. In Wagners Küche giftig gemischt. Ich lese es dir vor, Peppina, auf Deutsch. Er nahm das Blatt wie ein Notenblatt, kräuselte die Lippen, hob den Kopf, als suche er nach dem treffenden Ton. Also, ich beginne in der Mitte dieses voraussichtlichen, von mir erwarteten Machwerks: »Seine neueste Oper im Kirchengewande wird nach dem ersten Scheinkompliment an das Andenken des gefeierten Dichters« – da lässt Herr von Bülow den Namen des Dichters weg, da er seine Leser für nicht sonderlich gebildet hält –, unterbricht er sich und fährt gefährlich ruhig fort: »zunächst drei Abende hindurch den Händen des weltlichen Enthusiasmus überantwortet werden, worauf dann unverzüglich in Begleitung der von ihm eigens dressierten Solosänger die Wanderung nach Paris, zur Krönung dieses Werkes in diesem ästhetischen Rom der Italiener, angetreten werden soll. Verstohlene Einblicke in die neueste Offenbarung des Komponisten von Trubatore und Traviata haben uns nicht eben lüstern nach dem ›Festival‹ gemacht, obwohl wir dem Maestro das Zeugnis nicht versagen können, dass er sich's diesmal hat weidlich sauer werden lassen. So ist unter anderem die Schlussfuge, trotz vieler Schülerhaftigkeiten, Abgeschmacktheiten und Hässlichkeiten, eine so fleißige Arbeit, dass mancher deutsche Musiker eine große Überraschung erleben wird.«

Ich bitte dich, Verdi, komm zu einem Ende.

Meinst du Bülow oder mich?

Beide! Sie stand auf, lief zum Fenster. Da spricht

eine Missgunst, die parteiisch ist, Verdi. Sie fürchtet deine Überlegenheit.

Wenn es so wäre. Er faltete das Zeitungsblatt zu einem Stück, so groß wie eine Postkarte.

Sicher wurde oft über Wagner gesprochen, obwohl eine Äußerung über dessen Musik in den Briefen kaum vorkommt, auch keine Bemerkung über den Hochmut, die Arroganz, mit der Wagners Anhänger über Verdi redeten und schrieben. Es genügte ihm, tief verletzt, zu schweigen, als sein Freund Angelo Mariani zum ersten Mal Wagner in Italien dirigierte. Er studierte die Partituren Wagners. Diese immer auf Forte gestimmte Ideen-Musik war ihm fremd. Ihm ging es darum, dem Menschen in der Musik eine Stimme zu verleihen. Sie waren Rivalen, sicherten ihre Reviere. Und doch schmerzte es Verdi, den Kontrahenten zu verlieren. Als er hörte, Wagner sei gestorben, schrieb er in fliehender Schrift an Giulio Ricordi: »Triste, triste, triste! Vagner è morto! Als ich gestern die Depesche las, war ich, darf ich wohl sagen, völlig niedergeschmettert. Hier schweigt jede Erörterung. Es entschwindet uns eine große Persönlichkeit ...« Da ist Verdi zu hören, seine Großzügigkeit, seine Noblesse.

Sie reden aufeinander ein, ohne aufeinander zu hören, und wollen doch das Gleiche.

Wir könnten Maria ...

Sie wartet ja.

Natürlich wartet sie, Verdi.

Ich habe es ihr versprochen.
Es wäre auf alle Fälle herzlos.
Wie kommst du darauf, Peppina?
Sie hat die Ausbildung hinter sich.
Ja, sie ist mit der Schule fertig.
Wir sollten Maria ...
Das ist es, Verdi, wir sollten Maria zu uns holen.
Ich habe es ihr sowieso versprochen, Peppina.

Maria Filomena hatte mit sieben Jahren ihre Eltern verloren – ihr Vater war ein Vetter Verdis – und Verdi nahm das Mädchen an Kindes statt an. Er finanzierte seine Ausbildung an einer Turiner Schule und nun, nach deren Abschluss, mussten sie handeln. Maria war inzwischen sechzehn. Die Verdis brachen nach Turin auf, das Kind abzuholen. Die Ungewissheit, wie sie mit ihm zurechtkämen, plagte sie beide: Wir haben kein Zimmer für das Mädchen eingerichtet, seufzte Peppina, ehe sie aufbrachen.

Sie kann dir dabei helfen und Zimmer haben wir genug.

Unterwegs sprachen sie kaum miteinander. Nur einmal fragte Peppina: Ob das Mädchen sich inzwischen sehr verändert hat?

Verdi reagierte ungehalten. Es ist älter geworden, wie wir.

Peppina legte ihre Hand auf seine, die er rasch wieder zurückzog: Älter werden, Verdi, bedeutet in ihrem Alter nicht besonders viel.

In der Bahn von Mailand nach Turin verschanzte er sich hinter einer Zeitung und hüstelte ständig. Zögernd erkundigte sie sich, ob er sich erkältet habe. Er schaute über die Zeitung weg, zog eine Grimasse: Nein, ich habe mich nicht erkältet, es ist eine Art Tenorhusten, den habe ich mir bei den Ricordis geholt. Dort hatten sich nämlich Tenöre versammelt, um nach Rollen zu haschen.

Sie nickte, als nehme sie die Erklärung ernst: Wie gut, dass du nicht mezzo hüsteln musst. Das könnte ich nämlich kontrollieren.

Die Wortwechsel entspannten ihn. Er faltete die Zeitung und schaute hinaus auf die vorüberziehenden Äcker und Felder. Der frühe Herbst hatte viele von ihnen schon geräumt.

Bevor sie Vercelli erreichten, der Schaffner aufgeregt durch den Wagen gelaufen war, die Station angekündigt hatte, sagte er vor sich hin: Hier kommt das Wasser wieder, die Reisfelder. Er war öfter in Vercelli gewesen, die Stadt gefiel ihm, die Durchtriebenheit der Reisbauern.

Der Schaffner deutete im Vorübergehen eine Verbeugung an und murmelte: Maestro.

Peppina kicherte: Wo du auftauchst, bist du Verdi, Maestro, der Retter des Landes.

Mit einer Droschke ließen sie sich zur Schule bringen. Verdi warf einen erstaunten Blick auf die prächtige Fassade: Eine feine Herberge für junge Damen.

Die Pförtnerin, unterrichtet über ihre Ankunft, schickte sie in die Bibliothek: Dort wartet Filomena.

Sie hatten miteinander immer von Maria gesprochen. Nun wurde sie, so genannt, mit einem Mal fremd. Sie konnten Maria nicht gleich in dem ziemlich düsteren Raum entdecken. Gekrümmt, als fürchte sie eine Attacke, saß sie in Schuluniform auf einem hochlehnigen Stuhl. Die Hände gefaltet im Schoß, neben sich einen großen Koffer.

Peppina gelang es mit einem hörbaren Aufatmen, die Wand der Angst und Befangenheit zu durchbrechen: Wartest du schon lang auf uns, Maria? Sie ging auf das Mädchen zu, das sich auf dem Stuhl straffte.

Maria nickte, ich bin heute früh entlassen worden.

Wir, Verdi und ich, freuen uns sehr, dich nach Sant'Agata holen zu dürfen. Und dass du allem zugestimmt hast.

Ja, sagte das Mädchen. Und noch einmal: Ja, als müsste sie sich selbst bestätigen.

Kommt, bat Verdi. Die Kutsche ist bestellt, der Zug fährt bald. Als Maria an ihm vorbeihuschen wollte, den Kopf gesenkt, fasste er ihren Arm, hielt sie fest und umarmte sie. Maria drängte, was Peppina verblüffte, nicht von ihm weg, sondern lehnte sich ruhig und für ein paar Atemzüge lang an Verdi.

Auf der Heimreise nickte er ein und hörte die Gespräche der Frauen wie aus einem sehr entfernten Zimmer.

Weißt du, dass die Passagiere an dir vorübergeschlichen sind wie an einem schlafenden Drachen? Peppina setzte ihren Schlusspunkt für die Reise.

Dann führte sie Maria durchs Haus und erklärte das Zimmer Verdis für tabu. Das Mädchen staunte, ihre Verwirrung drückte sich in der wiederholten Feststellung aus: Nie kann ich mich hier zurechtfinden.

Peppina beruhigte sie. Bald, Maria, bist du hier zu Hause.

Mit Verdi wanderte sie durch den Park, zu den Ställen, den Feldern. Er stellte sie den Pächtern vor, dem Verwalter, und nach einem Mittagessen, dem Notar Carrara, der, wie sie erklärt bekam, sämtliche für das Haus und seine Bewohner wichtigen Papiere verwalte.

Unterwegs war er ins Erzählen geraten, glaubte, Maria zu unterhalten, die aber schwieg, zuhörte und keine Frage wagte. Als ich in Busseto aufs Gymnasium ging, wohnte ich bei Gasteltern. Sie übertrieben ihre pädagogischen Übungen an mir, weil mein Vater ihnen aufgetragen hatte, streng mit mir umzugehen. Komisch. Er war so gut wie nie streng, sondern sehr aufmerksam und liebevoll. Halt ein Gastwirt, der seinen Sohn als Gast betrachtete, dem er auch half, als der anfing, Musik zu machen auf dem Klavier, auf der Flöte und später mit Pietro, Pietro Baistrocchi, auf der Orgel. Manchmal bin ich am Haus der Eltern vorübergefahren, in den letzten Jahren, und ich hörte die Stimmen Papas und Mamas, wie in einer von einem anderen komponierten Szene. Da war in Le Roncole nur ein kleiner Garten hinterm Haus, in dem Mama Kräuter für die Küche zog. Ja, und ich war der Organist in der Kirche, als Pietro starb. Sieben Jahre war ich alt, und ich war fern davon, einmal durch einen Park zu wandern, wie hier in Sant'Agata. Er blieb stehen, Maria neben ihm. Er lachte in sich hinein. Sie sah ihn an, sehr ernst. Er setzte den Gang fort, fasste Maria unterm

Arm. Dann durfte ich nach Busseto, nachdem meine Eltern eine Gastfamilie gefunden hatten, die ihnen zusagte. Alles änderte sich, alles wurde größer. Aus dem Marsch, den ich mit zwölf komponierte, wurde Jahre später eine Oper wie »Aida«. Dem Knabenleben, das ich führte, waren Grenzen gesetzt, die ich später sprengte. Aber ich habe den kurzen Atem der Armen nicht vergessen, auch ihre verstümmelten Träume nicht. Das nicht. Und das solltest du, nun in Sant'Agata zu Hause, auch nicht.

Er zeigte ihr noch die Baupläne für das Krankenhaus, das er und Peppina sich in die Köpfe gesetzt hätten, und zog sich zurück.

Marias Gegenwart veränderte das Haus. Es sammelte andere Geräusche, eine neue Stimme, schnellere Schritte, zwei Frauenstimmen. Es drängte ihn nach Genua.

Peppina wehrte sich gegen seine Unstetigkeit. Warum dort und nicht hier, Verdi? Du liebst den Garten, das Land, deine Pferde, deine Hunde.

Dort habe ich das Meer, die Stadt, das Theater.

Sie ließen Maria zurück, sie solle sich mit dem Haus, der Umgebung vertraut machen, und Peppina hatte den Eindruck, das Mädchen nehme die Entscheidung erleichtert auf.

In Mailand besuchte er den Verlag, er hatte noch eine Rechnung mit den Ricordis offen. Peppina versuchte, ihn zu bremsen. Er hatte Fehler in den Verlagsabrechnungen entdeckt, Mogeleien, wie er sie erbost nannte.

Tito! Gleich nach der Begrüßung überfiel er den alten Freund mit Vorwürfen: Ist es Leichtsinn? Gleichgültigkeit? Oder Missachtung? Seit Jahren arbeiten wir zusammen, du verhandelst für mich, du verdienst an mir. Und nicht übel. Er sprach, als habe er die Sätze auswendig gelernt.

Tito rief nach Giulio, doch Verdi brachte für den Hilferuf nur Hohn auf: Zu zweit seid ihr nicht besser, sondern ein doppeltes Ärgernis.

Peppina, die bei geschäftlichen Gesprächen meistens nicht anwesend war, hielt den Atem an, stand mit vor der Brust gekreuzten Armen ein paar Schritte hinter Verdi und atmete erleichtert auf, als Tito Ricordi leise auf Verdis Lärm reagierte: Er werde die Abrechnung prüfen, und falls es tatsächlich zu Fehlern gekommen sei, werde er für einen Ausgleich sorgen. Versteh, Verdi, dass mich deine Anschuldigungen beschämen.

So kenne ich dich gar nicht, sagte Peppina im Zug.

Wir leben von meinen Einkünften. Es gäbe kein Sant'Agata, kein Genua.

Sie antwortete ihm nicht, denn mit jedem falschen Wort könnte sie seine Wut von Neuem schüren.

Der Streit mit den Ricordis, der brüderliche Streit, ließ ihm keine Ruhe. In Genua setzte er ihn auf seine Weise fort, zog sich an den Schreibtisch, mit dem Blick aufs Meer, zurück. Er rief Ricordi und sich die Liederlichkeiten am Neapolitaner Theater in einem Brief noch einmal in Erinnerung, eine rhetorische Floskel, um grundsätzlich zu werden: »Und ich? Was wird da aus mir? Ein Arbeiter, Taglöhner, der seine Ware dem Verlagshaus übergibt und den das Haus ausbreitet, wie es ihm gefällt und beliebt. Ich habe erst unlängst gesagt: Hätte ich Geschäftsmann sein wollen, es hätte mich niemand daran gehindert, nach der ›Traviata‹ Jahr für Jahr eine Oper zu schreiben, um mir ein Vermögen zu machen, dreimal so groß wie das, das ich habe. Ich hatte andere Absichten mit meiner Kunst (Beweis, die Mühe, die ich mir mit meinen letzten Opern gegeben habe), und ich hätte auch etwas erreicht, wenn ich nicht auf Widerstände und auf Gleichgültigkeit gestoßen wäre, mit allem und bei allen!« Er gab Peppina den Brief zu lesen. Es war ihr klar, dass sie sich keinen Einwand erlauben durfte. Und dass der Zwist bald vergessen sein würde. Ohne die Ricordis konnte sie sich Verdis Existenz gar nicht vorstellen.

Im Sommer 1875, die Bauern waren auf den Feldern beschäftigt, der Verwalter brachte die Abrechnungen der Mühle und der Käserei, Maria war bei den Fohlen auf der Weide, brachen Verdi und Peppina auf zu ihrer großen »Requiem-Reise« nach Paris, London, Berlin und Wien. Maria sollte sie bis Mailand begleiten und dort ein paar Tage bei Chiarina Maffei bleiben und mit der Mailänder Gesellschaft bekannt gemacht werden.

Wenn zwei Frauen sich für eine Reise kleiden – Verdi saß mit dem Kutscher auf dem Bock, spielte mit den Händen, zeichnete bizarre Konturen in die Luft –: eine Verdoppelung der Wartezeit. Nun klatschte er so heftig in die Hände, dass die Pferde durchzugehen drohten: Peppina, wir versäumen den Zug. Maria! Peppina!

Sie stürzten aus dem Haus, lachend, ein zweistimmiges Ja, ja, ja vor sich herschickend, sisisi, und Peppina machte noch auf den Stufen kehrt, verschwand mit einem: Vergessen!, ließ aber dann nicht lange auf sich warten.

Sie setzten Maria bei der Gräfin ab, nahmen noch einige Mailänder Anekdoten mit, liefen auf dem Bahnsteig den Zug entlang und am Ende ging es durch ein Spalier: Maestro, war immer wieder zu hören. Frauen, Männer, Kinder riefen sich zu: Das ist Verdi. Peppina drängte: Der fährt noch weg ohne uns. Jetzt wurde er übermütig, fasste zusammen, was er mitbekam: Nicht ohne mich!

Wem sagst du es, Maestro? Ihre Stimme hörte sich an, als wolle sie gleich zu singen beginnen.

So heiter und so erwartungsvoll reisten sie nach Paris, »seiner Stadt«, der er sich seit je mit seinen Werken anvertraute und die auch ein Gehör für ihn hatte.

In Paris regnete es einen lauen Sommerregen, der in die Kleider sickerte, Schultern und Mantelsäume schwer machte. Im Hotel wurden sie aufgeregt empfangen, die Aufmerksamkeiten beschwingten ihn, dass zum Beispiel für den Transport des Fracks durch den Regen zum Théâtre des Italiens schon eine Tasche bereitstand.

Er hatte verdrängt, dass er noch einmal »Aida« dirigieren sollte, doch in diesem Augenblick, als sich Aufgeregte um ihn versammelten, Peppina das Zimmer in Besitz nehmen wollte, fühlte er eine Spannung, die ihn durch den Abend tragen würde.

Peppina fegte im Zimmer hin und her und prüfte alles, was sie gebrauchen könnte. Das Zimmermädchen half ihr, die Kleider in den Schrank zu hängen, wobei sie hastig und tuschelnd das Neueste aus Stadt und Hotel mitteilte und Peppina ihr Französisch ausprobierte.

Teresa Stolz hatte ein Billett ins Zimmer bringen lassen: Sie freue sich und schlage vor, dass man sich in dem Restaurant neben dem Theater zum Abendessen treffe. Peppina schnipste das Kärtchen vor Verdi auf den Tisch: Die Stolz, sie sehnt sich nach dir.

Lass diesen Ton, Peppina, wir sind über diese falsche Musik hinaus.

Sie trafen sich, wie Teresina es vorgeschlagen hatte, nicht besonders gut gelaunt, bis die Stolz eine Londoner Kollegin nachäffte, leidenschaftlich und talentiert: Diese Schnepfe, sie glaubt, sie könne singen, sie könne spielen. Sie kräht und kaspert. Was sie tat und die Kellner zu einem vergnügten Publikum machte, auch Peppina gab ihr inneres Knurren auf, und Verdi, der Teresinas Auftritt genoss wie die andern, dachte: Sie ist fett geworden und merkwürdigerweise steht es ihr gut. Am Ende unterhielten sie sich glänzend, und Peppina lud die Rivalin nach Sant'Agata ein, sich nach den geschilderten Strapazen zu erholen.

Der Kapellmeister, der die Proben geleitet hatte, wartete vor der Garderobe, fiel überschwänglich über ihn her, das Orchester, wie auch die Sänger seien enthusiasmiert und Madame Stolz habe von der Premiere in Kairo erzählt. In der Garderobe wartete der Frack. Er zog sich um, trat vor den Spiegel. Er war ein anderer. Er unterließ es, mit sich zu sprechen, was er sonst tat, verbeugte sich und rief gegen die geschlossene Tür: Ich komme gleich.

Nach dem Finale hatte er Schwierigkeiten mit dem Gleichgewicht. Er nahm an, die Konzentration und die Verbeugungen auf der Bühne hätten ihn aus der Balance gebracht. Die Stolz schien die Schwäche zu merken und fragte ihn, wie er sich denn fühle. Zum Platzen!, antwortete er und lief auf Peppina zu, die am Ende des Bühnengangs auf ihn wartete. Ich habe noch Lust auszugehen. Das taten sie. Das Cabaret genoss er, klatschte, wiegte sich im Sessel hin und her, vom Publikum insgeheim beobachtet, nachdem irgendeiner »Verdi, das ist Verdi!« gezischt hatte. Eine der Tänzerinnen bewegte seine Fantasie, seine Erinnerung: So habe ich mir La Traviata, die Kameliendame, vorgestellt. Peppina trank ihm zu: Mit wem du, ohne mein Wissen, in deiner Fantasie umgehst, ist mir unheimlich.

Als sie das Lokal verließen, liefen sie in die Stadt wie in eine Kulisse, in einer der Gassen ertönten Pfiffe wie Rufe, und Peppina fand die Gegend einschüchternd.

Morgen früh hast du Probe fürs »Requiem«, Verdi. Das Orchester gab sich Mühe, doch zum wiederholten Mal ging ihm der Gedanke durch den Kopf, in Mailand oder in Genua ein eigenes Orchester zu gründen und für Qualität zu sorgen. Er bremste die Musiker in ihrem Tempo und wunderte sich über die Veränderung, die er hörte, gleich im ersten Satz, im »Requiem«.

Sie habe kaum der Trauer widerstehen können, sagte Peppina.

Morgen, antwortete er, wirst du mich anders hören.

Am dritten Abend kehrte, selbst von Teresina bestätigt, die Trauer zurück.

Sie brachen auf nach London. Peppina murmelte einige Stoßgebete gegen den wüsten Seegang im Kanal, und dass das Boot nicht auseinanderbrechen werde. Es regnete wieder, als sie an Bord gingen. Doch es war nicht der lau tropfende Stadtregen, sondern einer, der mit dem Wind stichelte. Ohne dass Peppina klagen musste, kamen sie heil auf der Insel an. Die Londoner Royal Albert Hall schätzte er. Vor der Aufführung des »Requiem« probte er mit dem Orchester. Er war zufrieden. Allerdings beunruhigten ihn der Direktor und sein Assistent, die umherschlichen, als nähmen sie das Requiem voraus.

Es seien nur wenige Karten verkauft worden, und der Verlag Ricordi, mit dem es, wie Verdi wisse, einen Vertrag gebe, habe geraten, von dem Konzert abzusehen. Es sei auch, fügte der Direktor mit einem fahlen Lächeln hinzu, es sei auch ein ungewohnter Verdi. Und da er auf den durchaus gespannt sei, werde die Aufführung gegen die Aufforderung des Verlags stattfinden.

Peppina, die das Gespräch mit anhörte, fürchtete einen kolossalen Wutausbruch Verdis. Der machte aber kehrt und ließ den Direktor der Royal Albert Hall einfach stehen. Erst im Hotel wagte sie, sich nach seinem merkwürdigen Verhalten zu erkundigen. Er umarmte sie, was sie überraschte: Ach, Peppina, du wunderst dich. Es ist für mich alten Mann neu, so beleidigt zu werden.

Er erinnerte sich später noch an die Hitze, die ihm und den Musikern zusetzte. Schweißperlen durchnässten die Notenblätter.

In Berlin erwartete ihn eine Versammlung mehrerer Herren am Eingang des Konzerthauses am Gendarmenmarkt. Er drückte Peppinas Arm: Diese Bagage ist mir nicht geheuer. Die hingegen fand sich zu einem grotesken Ergebenheitsballett: Maestro! Maestro Verdi! Welche Ehre!

Er bremste sie, obwohl ihn noch Bedenken plagten: Was haben Sie vor, meine Herren? Wollen Sie mir keinen Eintritt gewähren? Ich habe zu tun.

Ja, seufzte der eine.

Aber, aber, stotterte der andere.

Wir müssen, deutete der dritte an.

Wir müssen Sie vertraut machen, setzte der vierte fort.

Mit der Tatsache, ergänzte der fünfte, nun allerdings mit fester und befehlsgewohnter Stimme, mit der Tatsache, dass der Verlag Ricordi, unser Vertragspartner, die Aufführung storniert hat, da er mit zu geringen Einkünften rechnet.

Und Sie, meine Herren, hatten nicht den Wunsch, diese Komposition zu hören, da Berlin nicht mit wenigen meiner Opern vertraut ist?

Die Herren rückten zusammen und fanden keine Antwort.

Nach einigen Schritten über den Platz hielt Peppina an. Ihr standen Tränen in den Augen. Tränen der Wut. Sie stellte sich vor Verdi auf, stampfte mit den Füßen: Oh, diese Ricordis. Ich hätte nicht so leichtfertig sein dürfen und Titos Schäbigkeit, seine Knausrigkeit durchschauen müssen. Er ist doch ein Krämer und lebt auf deine Kosten.

Wollen wir den Berlinern eine Szene machen, Peppina? Die Herren Musikverwalter dort auf der Treppe dürften sich die Hände reiben.

Wie es sich herausstellte, war Tito untergetaucht. In einem Brief teilte ihnen Giulio mit, Papa sei in der Kur. Nicht zu erreichen.

Das Publikum – schütter, wie es nach Titos Meinung war – hat dich bewundert, Verdi, und deine Musik geliebt. Ihr habt zwar geschwitzt, doch die Musik hat nicht gelitten.

Dem konnte er nicht widersprechen. Auch in Wien nicht. Denn dort glichen die Bedingungen denen in London: Die Hitze lähmte die Stadt, die Verwaltung des Konzerthauses war unsicher und ratlos, nachdem der Vertreter von Ricordi in Wien mehrfach und geradezu panisch nach dem Kartenverkauf gefragt habe. Der aber, wurde ihnen versichert, entspräche ganz den Erwartungen, sei vorzüglich gewesen, das Konzert sei ausverkauft.

Vom Hotel Imperial sind es nur wenige Schritte zum Musikvereinssaal.

Teresa Stolz hatte sich in einem prächtigen Sessel auf dem Gang vor dem Dirigentenzimmer offenbar schon seit Längerem eingerichtet. Sie erhob sich, mit Mühe, wie er erstaunt beobachtete, und der Gedanke drängte sich ihm auf, dass Teresina ihre Stimme wohl ebenso mühevoll bewege. Als er mit Peppina darüber sprach, reagierte sie nicht ohne durch allerlei Verletzungen geübte Ironie: Die arme Teresina, wie du über sie denkst.

Ich habe Tito Ricordi geschrieben und ihn gebeten, mir sämtliche Verträge zur Prüfung zu überlassen, die er seit dem »Rigoletto« ausgehandelt hat – und das mit einer großen Zahl von Theatern.

Sie versuchte, seinen Ärger zu dämpfen: Du solltest dich jetzt nicht ablenken. Die Musiker könnten es spüren.

Die Philharmoniker spielten mit Herz. Der Chor hatte geübt, obwohl Verdi in Berlin gewarnt worden war vor der Wiener Schlamperei. Das Publikum bestürmte ihn mit einer Zuneigung und Bewunderung, die er sich nicht erklären konnte. »Wenn kein Mann von Geist so bewundert wurde wie Verdi, hat kein Mann von Geist je weniger Lobhudelei gesucht und blieb ruhiger und würdevoller als er inmitten des allgemeinen Trubels«, schrieb Peppina an Chiarina Maffei.

Bei der machten sie auch halt auf der Rückreise nach Sant'Agata. Verdi wollte ihren Rat hören, wie mit Ricordi umzugehen sei. Es schmerzte ihn, mit solchem Zorn an Tito Ricordi zu denken, einen alten Freund, einen der wenigen Gefährten, die er duzte. Der Gräfin traute er zu, eine Erklärung für die widersinnigen Ängste seines Verlegers zu finden. Das konnte sie nicht. Sie bestärkte ihn, die Verträge und Abrechnungen nachzuprüfen, sich der Hilfe eines kundigen Advokaten zu versichern. Er solle seinem Notar Carrara vertrauen.

In Sant'Agata nahm er sich keine Zeit. Er alarmierte Carrara, der seinen Sohn mitbringen wollte, der ebenfalls geübt sei in Buchhaltung. Ein Bote von Ricordi schleppte zwei mächtige Kartons in Verdis Arbeitszimmer und überreichte ein Kärtchen, auf dem Giulio um Verständnis für den Papa bat, aber auch um ehrliche Aufklärung.

Verdi gab die Botschaft Peppina zu lesen: Was muss ich alter Esel aufklären, wenn die beiden vergessen haben, korrekt zu sein. Er breitete die Papiere über den Tisch aus, verblüfft über die Fülle der Aufführungen. Wir haben immer über den Vertrag, den Dirigenten, die Sänger gesprochen, doch dann kam das Nächste und wir vergaßen alles. Nun ist es wieder da.

Carrara brachte die Auflistung der Einkünfte: Suchen wir nach dem, was nicht passt. Peppina und Maria saßen als eben noch geduldetes Publikum an der Wand. Carrara entdeckte rasch Nullnummern, wie er die vergessenen Abrechnungen nannte. Und einige ungenaue dazu. Verdi vergrub den Kopf zwischen den Händen: Ich kann Tito nicht verstehen, das sind doch offenkundige Betrügereien, wir sind doch Freunde.

Peppina, überrascht wie er, entschuldigte Tito: Es kann ihm alles zu viel geworden sein, dein Erfolg, dein Ruhm.

Zu viel – und ich bekomme zu wenig.

Zwei Tage lang wühlten sie sich durch den Papierstapel. Am Ende sprach Carrara bei Giulio vor und verlangte einen Ausgleich von 50.000 Lire. Giulio erklärte sich sofort bereit, er habe mit seinem Vater gesprochen. Er bitte Verdi um Verzeihung, seinen Vater schmerze die Angelegenheit sehr.

Verdi sah Tito wieder, im Salon der Gräfin Maffei. Er hatte sich offenkundig in den Bädern nicht erholen können, sah elend aus. Sie unterhielten sich über Pausen und Alter, über den Triumph des »Requiem« in London und Wien, aber die Misshelligkeiten mit den Verträgen sparten sie ganz und gar aus, was dazu führte, dass Giulio erleichtert wie ein Gummiball im Salon hin und her hüpfte.

III.

Appassionato

Er wusste nicht, wo er angekommen war, womit. Es lag viel hinter ihm, viel Erfolg, viel Lärm, viel Ruhm und Aufmerksamkeit, Versuche von Liebe, Erfahrungen von Fremde, und manchmal die Angst zu verlieren und verloren zu gehen. Mit der »Aida« endete die Zeit der großen Auftritte und mit dem »Requiem« fand er einen anderen Grund für seine Musik. Es war nichts mehr da. Er wartete auf nichts mehr.

Er redete mit seinen Pferden und mit den Hunden und plante die Missstände in seiner Umgebung zu verändern. Das Krankenhaus in Villanova, das er mit einer kurzen Kutschfahrt erreichte, das er gestiftet hatte, ohne sich als Stifter zu erkennen zu geben, war in Betrieb und eine Labsal für die ganze Gegend. Peppina sorgte dafür, dass die Zimmer freundlich eingerichtet wurden.

Ich habe nichts zu tun, klagte er, ging den Bauern und Pächtern mit Fragen und Vorschlägen auf die Nerven, redete mit den Hunden, ritt, was Peppina nicht sonderlich schätzte, ohne Begleitung aus. Der Winter, der Regen stimmten ihn trüb.

Unerwartet geschah, was er längst für überwunden hielt. »Simone Boccanegra« fiel bei einer Aufführung am Theater La Fenice in Venedig krachend durch. Verdi, in seinen musikalischen Vorstellungen schon entfernt von diesem Stück und allein mit sich selbst, reagierte heftig. Giulio Ricordi, der bei dieser Oper immer wieder vorgeschlagen hatte, sie neu zu fassen, begann ein Spiel, dessen letzte Karte bei Verdi endete. Sie trug den Namen Arrigo Boito. Nach dem Tod seines Vaters Tito setzte Giulio das Spiel mit nicht minder auffallender Energie fort. In Paris traf er zufällig den um dreißig Jahre jüngeren Kollegen, Dichter und Komponisten. Nebenbei rühmte Ricordi die Qualitäten des Librettisten Boito, keiner könne ihm das Wasser reichen. Boito war sensibel genug, sich in die Situation Verdis einzufühlen. Er wirkte überaus diskret bei der Bearbeitung des »Simone Boccanegra« mit, redete kaum hinein, schlug im Gespräch vor, forderte Verdis Interesse.

Sie trafen sich einige Male, der Junge und der Alte, nach der Regie ihres Verlegers, und Verdi gewann mit der Zeit Gefallen an »Seiner Eitelkeit«, wie er Boito manchmal, vor allem zu Beginn der Bekanntschaft, in Gesprächen mit Peppina und Maria nannte. Bei einem Abendessen »mit Freunden«, an dem Giulio Ricordi und seine Frau Giuditta teilnahmen, erschien Boito überraschend und zufällig. Es kam die Rede auf Shakespeare, und Verdi, der Shakespeare geradezu anbetete, ließ sich auf ein gefährliches Spiel ein. Welches Stück Shakespeares ihn noch zu einer Oper reizen könnte, fragte Giulio.

Wenn es um Personen gehe – er sprach nachdenklich und wie zu sich selbst –, dann wäre es Otello.

»Dieser Tage brachte Boito mir die Skizze zum ›Otello‹, die ich las und gut fand. Macht die Dichtung daraus, sagte ich ihm, sie wird immer gut für mich, für Euch, für einen andern sein.«

Er zögerte. Er hatte sich vorgenommen, diesem Rummel zu entsagen, der Angst vor dem Misslingen, der Verletzbarkeit, den Schwächen, dennoch traute er sich einen neuen Anlauf zu, eine andere Musik. Es sei mit dem schwarzen Helden ein »Schokoladenplan«. Was mit ihm anfangen?

Er ließ es offen und genoss das Leben auf Sant' Agata.

IV.

Andante giocoso

Wahrscheinlich hatte Giulio Ricordi den Fotografen bestellt. Verdi war ahnungslos.

Es war eines der ersten gemeinsamen Essen in der Villa Ricordi. Welche Sätze fielen in einem solchen Moment: Das muss gefeiert werden.

Ein solcher Tag darf nicht vorübergehen.

Ohne einen gemeinsamen Eintrag ins Gästebuch.

Ohne dass ein Fotograf, bestellt zu einer bestimmten Zeit, mit seinen ausladenden Gerätschaften im Entrée des Hauses wartete. Vorher hatte er sich umgeschaut, im Garten einen lichten Platz gefunden: die fast geschlossenen Fensterläden, ein paar Gartenstühle.

Es ist früher Herbst.

Giulio braucht eine Weile, unter dem assistierenden Gelächter seiner Frau, den beiden für die Fotografie ausersehenen Personen das Vorhaben zu erklären. Ein solcher Tag dürfe nicht vorübergehen! Er stellt sich hinter den Stuhl, wie hinter ein Rednerpult: Dieser Augenblick muss festgehalten werden.

Peppina fällt ihm in die Rede: Was haben Sie vor, Giulio? Was soll mit meinem Verdi geschehen?

Nun muss er die Anspielungen aufgeben, in einfachen Sätzen erklären, worum es geht: Ein Fotograf ist bestellt, um die beiden Herren – er zeigt mit einem raschen Finger auf Verdi und Boito – fotografisch zu porträtieren.

Der Fotograf erscheint, murmelt einen Gruß und wartet.

Er stellt sie nebeneinander. Geduldig geben sie seinen Wünschen nach. Ein Fünfundfünfzigjähriger und ein beinahe Achtzigjähriger. Die unvereinbare Gemeinsamkeit, was nicht zusammengehört, sich aber versteht. Verdi in einem schwarzen Anzug, ein alter Bauer, die Hände in die Taille gestemmt, und Boito, in Pepita, ein Weltmann mit Stöckchen.

Sie werden, ich weiß es, Briefe wechseln, ein unendlich langes Gespräch führen, und der weltläufige jüngere Herr wird dem alten Maestro Personen zutreiben, auf die er, so scheint es, gewartet hat: Otello und Falstaff.

Boito wird ihm den »König Lear« ausreden, obwohl es ihm schwerfällt, obwohl der Maestro in diese Rolle drängt und ihm schon Themen zugeteilt hat, Erinnerungen an Arien, die Lear gehören könnten. Giulio Ricordi steht außerhalb des Bildes, gibt dem Fotografen Anweisungen und ahnt schon, dass die beiden, der Alte und der Junge, nicht voneinander lassen werden, vor allem, wenn der Junge den Alten entzünden kann mit Themen, mit Sätzen und Versen.

Nichts genoss er in Sant'Agata mehr als das Herumstreichen, mal bei den Pferden zu sein, mal in die Mühle zu schauen und in die Molkerei, sich in Gesprächen zu verfangen über die Arbeit, das Wetter, die mögliche Ernte, den Zustand des Guts, und gelegentlich zu erzählen von seinen Aufenthalten in Paris, in Genua, Neapel, den Sängerkriegen an der Scala. Er spürte den Respekt und ließ keine Sentimentalitäten zu. Wenn es darauf ankam, war er oft mehr als eine Stunde unterwegs. Dann spürte er seine Glieder und dass der Atem enger wurde. Solche Schwächen gestand er sich nicht ein, denn er wusste, Peppina könnte ihn zu einem Arztbesuch drängen, ihn mit ihren Ängsten verfolgen.

Sie rief nach ihm, er konnte sie hören, wollte es aber nicht. Bis einer der jungen Bediensteten ihm über den Weg sprang und ihn atemlos wissen ließ, dass die Signora mit dem Kaffee auf ihn warte. Er ließ den Jungen laufen, schlenderte ihm hinterher. Peppina stand reglos hinter dem kleinen runden Gartentisch und sah ihm entgegen.

Er nahm ihr gegenüber Platz und erwartete ihren Kommentar. Um ihrer guten Stimmung aufzuhelfen, bat er den Jungen, die Hunde, die ihn begleitet hatten, in ihren Zwinger zu bringen.

Jetzt ist Ruhe, stellte Peppina fest.

Er beugte sich über den Tisch: Aber sie haben ja überhaupt nicht gelärmt.

Nein, aber sie sind unruhig, wedeln und schnüffeln.

Ach, Peppina, er senkte seine Stimme wie immer, wenn er sie beruhigte oder ihr seine Liebe erklärte. Er holte Atem und es gelang ihm nicht, ohne dass er etwas aufstöhnte.

Peppina reagierte sofort: Das ist doch nicht normal.

Verdi nickte, nippte an der Tasse: Es ist ärgerlich, aber ob es normal ist oder nicht, entscheide ich.

Sie antwortete mit einer Grimasse: Du, ja du entscheidest. Aber du kannst dich nicht jünger reden. Hör her, was mir Teresina erzählte.

Verdi schaute sie fragend an: Wo ist sie überhaupt?

Seit einigen Tagen war Teresa Stolz zu Besuch und forderte Peppina zu taktischen Aktionen heraus.

Sie muss nicht immer dabei sein.

Nein, er rieb sich die Hände: Du versteckst unsere Gäste, wenn es sein muss. Aber erzähl, was Teresa dir erzählt hat.

Peppina zögerte, musterte ihre Hände: Nichts Angenehmes, Verdi. Sie erzählte, wie arm alte Sänger und Sängerinnen im Alter sein können, wenn sie nichts gespart haben, alt und hässlich und ohne Stimme, doch mit Erinnerungen und Sehnsüchten. Teresa sprach von ihnen, als spreche sie von sich selbst.

Er hörte ihr zu, sprang unvermittelt auf: Ich habe

dem Verwalter versprochen, bei den Pferden vorbeizuschauen.

Halte dich dort nicht zu lange auf, Verdi, rief sie ihm nach.

Am Abend, bevor sie schlafen gingen und Teresa schon schlief, brachte er, was ihn beschäftigte, mit einer Floskel ins Spiel, genau so, als rede er über den Anfang einer Oper. Wie wär's, wenn?

Ja, Verdi?

Wie wär's, wenn wir ein Haus, eine Herberge für alte Musiker bauten, in dem sie reden, miteinander musizieren, miteinander streiten und für sich sterben könnten?

Hier in Sant'Agata?

Nein, Peppina, in der Stadt, in Milano, was sollen die Alten sich hier langweilen, wie sollen sie Besuch bekommen?

Er schlief unruhig, wie stets, wenn er mit Plänen umging. Doch er war nicht zu bremsen. Peppina stellte sich ihm mit Bedenken in den Weg: Was hast du für einen Ärger mit dem Spital, deinem Krankenhaus. Der Bürgermeister von Villanova giftet, weil er sich um eine Klinik kümmern und auch noch für deren Finanzen sorgen muss. Wie hast du dich über ihn geärgert.

Mit engstirnigen Erbsenzählern muss ich jederzeit rechnen, auch in der Kunst, liebste Peppina, du weißt es besser noch als ich.

Er war nicht aufzuhalten. Wenige Tage später bat er sie, mit nach Mailand zu kommen, er habe ein

Grundstück für die Casa di Riposo gefunden und der Notar habe ihn bestellt. Der Bürgermeister von Mailand sei in den Plan eingeweiht und unterstütze ihn. Und, Peppina, er wird dem notariellen Akt beiwohnen.

Du drückst dich aus wie ein Bürokrat, Verdi. Mir wäre es lieber, du bautest kein Altersheim, sondern komponiertest wieder eine Oper.

Er lehnte sich zurück und ließ den Kopf hängen: Ich weiß, ich langweile dich, Peppina. Ich spiele mit Hunden und nicht auf dem Klavier. Ich schreibe Anweisungen für den Verwalter, den Pferdeknecht, den Müller, aber keine Noten. Ich weiß, ich weiß. Er sah sie verdrossen und zugleich herausfordernd an.

So weit wollte sie nicht gehen: Verzeih, Verdi. Es könnte ja sein, dass der König Lear dich packt.

Sie hatte ihm kein günstiges Stichwort gegeben.

Ich frage mich, ob der Lear in mich fahren wird. Ehrlich gesagt, wünsche ich mir ein Libretto, das ohne Weiteres in mir Musik auslöst.

Peppina wich ihm so gut wie nie von der Seite, denn so sprunghaft war er selten. Boito hatte ihm in Genua ein Libretto zugesteckt, das er verwahrte, wie ein geheimes und gefährliches Dossier. Er war noch nicht so weit; er konnte sich noch nicht hören.

Den Winter wollten sie, wie es mittlerweile schon Brauch war, in der Genueser Wohnung verbringen.

Atmen mit der See, erklärte Verdi diese Laune Giulio Ricordi, der, wie sein Vater Tito, Verdi nun Anstöße gab zu neuen Unternehmungen. Die Idee, in Mailand, nahe dem Pallavicini Park, ein Grundstück zu kaufen, hielt er allerdings für unsinnig, da die Gegend teuer sei – und dass da ein Heim für alte Musiker, gichtfingerige Pianisten und zahnlose Sängerinnen gebaut werden soll, hielt er für eine Art übermäßigen Ablass, den Verdi für das Wunder seiner Karriere zahlen wollte. Er behielt diese Gedanken für sich, nahm, im Gegenteil, an den Verhandlungen mit der Stadt, der der Grund gehörte, teil und stürzte, wie auch Angelo Carrara, der Notar Verdis und spätere Schwiegervater von Maria, aus einer Überraschung in die andere. Dass ausschließlich italienische Künstler, mindestens sechzig, in das Heim aufgenommen werden sollten, und dass die Kosten von den Einkünften oder von Teilen der Einkünfte aus den Aufführungen bestritten werden sollten.

Peppina focht in einer heftigen Attacke diese Vertragsbestimmungen an. Wieso, Verdi, nur Italiener? Das schließt die Stolz, die nicht in Italien zur Welt kam, aus, die aber vom italienischen Publikum geschätzt wird und geliebt. Und wieso kommst du darauf, dass deine Werke für alle Ewigkeiten Tantiemen einbringen? Lass dir doch lieber alles von Giulio erklären.

Das ließ er nicht. Er brach die Verhandlung ab, vertagte sie für die Zeit nach Genua.

Er hatte, es war Jahre her, mit Boito zu tun, aber war ihm so gut wie nie begegnet. Die Ricordis sorgten für Berührungen. Der zwanzigjährige Boito hatte eine »Hymne der Nationen« für die Weltausstellung

1862 gedichtet und Verdi den Text komponiert. »Eine feine Arbeit«, wie er fand. Er schenkte dem jungen Mann als Dank eine Taschenuhr.

Im Frühjahr 1879 besuchte Verdi in Genua eine Aufführung von Boitos Oper »Mefistofele«. Die Musik beeindruckte ihn nicht sonderlich, da sie sich Wagner verpflichtet fühlte, aber das Libretto bestach ihn in seiner Intelligenz und Sprachkunst.

Verdi und sein letzter Librettist näherten sich einander zögernd und nicht ohne Misstrauen – stets unter der Regie Giulio Ricordis, der noch eine Oper seines erfolgreichsten Autors erhoffte.

Manchmal in Sant'Agata oder in Genua, wenn die Tage vergingen, ohne dass eine Arbeit ihn drängte, Giulio mit Wünschen und Terminen erschien, Peppina ihm nachsah, wenn er durch den Park zu den Bauern ging oder wenn er in Genua sich auf die Terrasse zurückzog, manchmal spürte er, wie die Erschöpfung ihn lähmte, ihm alles gleichgültig wurde.

Giulio erschreckte er mit der lapidaren Feststellung, dass er wahrscheinlich nie mehr eine Oper komponieren und die folgenden Anstrengungen wie Premiere, großes Theater mit den Sängern, mit einem untauglichen Dirigenten und einem größenwahnsinnigen Operndirektor nicht mehr auf sich nehmen würde. Ihm genüge es, dass er da und dort auftreten könne, freundlich und respektvoll behandelt werde, dass sein Werk lebe. Nein, Giulio, ein alter Mann muss sich nicht ständig in Anfängen verheddern.

Dass er langsam geworden war, hatte ihm Peppina schon vorgeworfen, allerdings nicht unfreundlich, sondern mit einem Anflug von Witz. Es traf zu. Morgens kam er nur mit Mühe aus dem Bett, das Frühstück zog sich hin mit einer merkwürdig mechanischen Zeitungslektüre, vor jeder Entscheidung brauchte er eine Pause, und kam Giulio überraschend zu Besuch, verschanzte er sich hinter dringenden Korrespondenzen.

Verdi fragte ihn bei Gelegenheit, welchen Eindruck der »Otello« ihm gemacht habe, und wurde mit einem Lamento über den nur in Gedanken vorhandenen »King Lear« abgespeist.

Offenbar hatte Ricordi auch Peppina eingeschärft, den Maestro bei jeder Gelegenheit auf den »Otello« anzusprechen. Boito werde sich bald melden und nachfragen. Wonach?

Peppina gab vor, nichts begriffen zu haben. Wonach?

Ob Verdi mit dem »Otello« begonnen habe? Italien und die musikalische Welt warteten darauf.

Aber die hätten doch keine Ahnung, gab die unverbesserliche Peppina zu bedenken.

V.
Alla breve

Sie waren Freunde. Ein halbes Leben lang. Verdi hatte Mariani in Mailand kennengelernt. Mariani war fünfundzwanzig, Verdi dreiunddreißig. Sie hörten voneinander. Mariani dirigierte am Teatro Re und am Teatro Carcano Opern von Verdi, was der sich berichten ließ. Es sei ein ziemlich eitler Bursche, doch mit genialischen Zügen, ein famoser Musiker. Dieser Einschätzung folgte ein Satz, der in Mailand viel wog und Verdi tatsächlich neugierig machte: »Er wird bald die Scala für sich erobert haben.«

Die missratene Premiere von »La Traviata« in Venedig führte sie schließlich zusammen, der Ton wurde vertrauter und bei Mariani ergebener: »Mein Verdi« redet er den älteren Freund in Briefen an. Dabei war er längst eine berühmte Person, dirigierte an allen italienischen Opernhäusern, in Paris und in Wien.

Seine Briefe lesen sich oft wirr, er trumpft auf, dienert, betet an und ist in jeder Hinsicht willig. Mit Witz und oft hilfreich für die freundschaftliche Beziehung spielte er Verdis Charakterisierung als »falscher Kopf« oder als »guter Kopf« aus. Häufig schimpfte er sich selbst als den falschen.

Rossini, der ihn ebenfalls als Dirigenten schätzte, adelte ihn mit dem Titel: »Der elegante Angelo von den riesigen schwarzen Augen«.

Es waren Kinderaugen. Angelo staunte immerfort über sich selbst. Der Übermut weitete sich zum Größenwahn. Verdi erfuhr, dass Freund Mariani betont exzentrisch dirigiere, auch nach Belieben kürze und umstelle. Einer der Begegnungen schickte er ein warnendes Donnergrollen voraus. Der »falsche Kopf« müsse zurechtgerückt werden.

»O Don Peppino, seien Sie nicht mehr zornig auf Ihren armen falschen Kopf!«

In Rimini leitete Mariani eine Aufführung von Verdis heute kaum mehr bekannter Oper »Aroldo«. Der Maestro hörte zu und lud den richtigen Kopf für einige Tage nach Sant'Agata ein, eine erstaunliche Geste, denn, bedrängt von Bewunderern, bestand er auf der beruhigenden Zweisamkeit mit Peppina, schützte sich mit Grobheiten und gespielter schlechter Laune.

Angelo bewegte sich ein wenig schüchtern in der großen Villa, als befände er sich in einer Kirche. Was Peppina nicht gefiel. Der junge Mann trage seine Schönheit vor sich her und sei nicht bei sich.

Verdi nahm ihn in Schutz. Am Pult sei er ein hellhöriger Held. Sie werde, wenn sie ihn da erlebe, staunen. Doch nachdem sie ihn gehört hatte, änderte sie ihre Meinung keineswegs. Seine Manier lenke von der Musik ab.

Dennoch nahm sie sich des jungen Mannes an, sorgte dafür, dass er im Labyrinth des täglichen Lebens in Sant'Agata nicht verloren ging, auch dafür, dass Mariani mit Giulio Ricordi zusammenkam und mit ihm »Verdi-Pläne schmiedete«.

Peppina ahnte, dass mit dem lausigen Schönling, wie sie ihn nannte, sich eine Veränderung ankündigte, eine Bedrohung ihrer Liebe.

Für wen er der »falsche«, für wen er der »richtige« Kopf war, blieb offen. In einem Brief an den »großen Verdi« stellte er eine Sängerin vor: La Stolz, die Primadonna, mache ihre Sache wirklich gut. Bald wird sie in Bologna die Elisabeth in »Don Carlo« singen, und als Verdi sie von einer Reise mit nach Sant'Agata brachte, verdross Peppina ihn und die Stolz als knurrende, sich hinter den Dienstboten verschanzende Gastgeberin.

Die Besuche der Dame wiederholten sich, wann immer sie in Mailand auftrat, logierte sie in Sant' Agata. Mit der Zeit verstanden und verständigten sich die beiden Frauen. Und Mariani durfte seine Verehrung für den Maestro tätig beweisen. Patriotisch dazu, indem er Waffen für Garibaldi besorgen sollte. Er spielte eine vertrackte Rolle als Zuträger, Geselle und Dirigent. Als der Tod Rossinis bekannt wurde, regte er an, dass alle namhaften lebenden Komponisten die einzelnen Sätze eines Requiems schreiben sollten, und Verdi müsse unbedingt den Schluss, das »Libera me«, komponieren. Giulio Ricordi war Feuer und Flamme, alarmierte die »Seinen«, Mariani korrespondierte und komponierte, auch dazu war er imstande. Aber aus dem Plan wurde nichts. Die Angesprochenen verzagten, hielten Marianis Einladung für fragwürdig und selbst Ricordi gelang es nicht, sie zu überzeugen. Verdi reagierte wütend, sah in Mariani den Schuldigen für das Debakel und bat Giulio, das »Libera me« ins Archiv zu nehmen. Peppina bemühte sich zu schlichten. Was könne der arme Angelo für die Faulheit und Fantasielosigkeit dieser Musiker.

Verdi ließ das nicht gelten: Sie sind nicht imstande zu trauern, Peppina. Das ist es. Angelo treibe sie wie eine Herde träger Esel vor sich her.

Teresa widersprach. Sie verdankte Angelo viel, seiner Musikalität, seinem Feingefühl für Sänger.

Doch Verdi war nicht zu überzeugen. Es ist meine Musik, der Sie viel verdanken, Signorina. Mariani folgt nur den von mir geschriebenen Noten.

Ach, erwiderte Teresa. Peppina schloss sich ihr an: Ach, Verdi.

Mariani verschrieb sich der Musik, den Opern Verdis. Sein »Don Carlo« in Bologna wurde hoch gelobt, doch Verdi traute dem nicht. Er hörte Mariani die »Macht des Schicksals« dirigieren, ärgerte sich, dass er die Ouvertüre entstellte, indem er die Bläser übermäßig hervorhob. Giulio Ricordi bekam die Wut ab.

Peppina hingegen hoffte, dass Angelo doch La

Stolz heiraten werde und sie nicht mehr an Verdis Treue zweifeln müsse.

Die Lage spitzte sich zu. Die Stimmung wurde schrill. In dieser Zeit arbeitete Verdi noch an der »Aida« und hatte vor, Mariani die Premiere zu überlassen und natürlich Teresa Stolz die Titelrolle. Kairo stand als Premierenort fest, da die Deutschen Paris belagerten, war das Bühnenbild samt Kostümen nicht erreichbar.

Die Ohnmacht mischte sich mit Wut.

Teresa hielt sich zum ersten Mal für längere Zeit in Sant'Agata auf, um mit Verdi die Rolle der Aida einzustudieren. In abendlichen Gesprächen versuchte Peppina ihr einzureden, Mariani zu heiraten. Er habe sie entdeckt und liebe sie offenbar.

Teresa Stolz würde in Mailand die Aida unter Verdi singen, doch nicht auch in Kairo? Auf alle Fälle, so war Verdis Plan, sollte Mariani dirigieren. Der war seit Wochen kränklich, hatte die Opernhäuser gemieden, doch Verdi bestand darauf, dass er Kairo übernähme. Dabei gab es einen gemeinsamen Traum. Er hatte Verdi geschrieben, er wolle ihn unbedingt nach Kairo begleiten und La Stolz solle die Aida singen. Und nun wurde er allein ausgeschickt.

Die Kairoer Premiere wurde ein Erfolg, Mariani wurde der musikalischen Welt zu einem Begriff. Krank kehrte er zurück, ohne Verdi zu sehen. Und das Pech, das ihn so hartnäckig verfolgte, wollte es, dass ihm angetragen wurde, die italienische Premiere des »Lohengrin« in Bologna zu leiten. Das verstand

Verdi als Verrat und wollte dennoch erfahren, wie er sich ausnahm. Er reiste, ohne dass Peppina ihn begleitete, nach Bologna.

Eine böswillige Regie wollte es, dass Mariani dem Maestro am Bahnhof über den Weg lief. Mariani griff nach Verdis Reisetasche, fragte, ob er sie tragen dürfe. Verdi blieb stehen, stellte sich dem kleinen und schwächlichen Mann in den Weg. Lassen Sie mich in Frieden und gehen Sie.

Sie sahen sich nie wieder.

Verdi erzählte Peppina und Teresa von der peinlichen Begegnung um den monströsen Wagner. Er unterbrach sich aber und es schien, als erlaube er seiner Erinnerung nicht, dass sich die Geschichte fortsetze. Nicht Mariani, nicht Wagner.

»Bel uomo, amami«, hatte Mariani ihm, es war eine Weile her, geschrieben. Du schöner Mensch, liebe mich.

Der dirigierte, als wolle er den alten Freund weiter beleidigen, den »Tannhäuser«.

Von da an trat er so gut wie nicht mehr auf. Er hatte Blasenkrebs, litt an Blutungen. Marianis Arzt in Bologna gab ihn auf. Es habe keinen Zweck, bei ihm Rat und Hilfe zu suchen. »Ich wage nicht, andere Chirurgen zu rufen, da ich weiß, dass es nutzlos wäre und sie mich umbrächten. Ich muss allein sterben, wie ein Hund, und ich werde allein sterben«, schrieb er an den Doktor.

Er starb allein. An dem Abend sang La Stolz die Aida in Ancona, und als Verdi die Todesnachricht las, kommentierte er sie mit »ich will nichts weiter sagen«.

Es gibt eine Vermutung, die ich nicht auslassen kann, denn sie gibt dieser Erinnerung eine merkwürdig dunkle Farbe. Jahre vorher saß Mariani während einer Cholera-Epidemie in Venedig fest, fürchtete – noch der jugendlich-schöne Hypochonder – seinen Tod und hegte die kühne Hoffnung, Verdi werde ihm ein Requiem schreiben: »Ich wäre völlig glücklich zu sterben, damit Italien und die ganze Welt ein derartiges Geschenk von Ihnen erhielten.« Es fragt sich, ob sich die Widmungsinitialen des Requiems AM nicht verdoppeln: Alessandro Manzoni oder Angelo Mariani.

VI.

Allegretto

Peppina hatte den Eindruck, dass die Arbeit am »Otello« sich eher dahinschleppe. Verdi lasse sich, meinte sie, von den allgemeinen Zuständen ablenken, von dem wachsenden Germanismus, der ihn aufbrachte, dem Ruhm Wagners in Italien. Und ihn beunruhigte die Armut der Bauern im Süden. Fast bei jedem Abendessen stritten er und Peppina, die ihm sein großes Herz vorwarf: Du baust Hospitäler, Verdi, du machst dir Gedanken über ein Altersheim für Musiker, aber über dein und unser Alter denkst du nicht nach.

Was er empört bestritt: Er habe sich vorgenommen, die Jahre, die ihm blieben, nicht durch Desinteresse und Empfindungslosigkeit einzuschwärzen. Nein, er denke nicht daran. Und falls Giulio ihn dränge, solle er ihm einen einfallsreichen Notenstecher an die Seite stellen. Warum müsse er sich noch einmal dem Zirkus einer Premiere aussetzen, der stumpfen Kritik, den falsch singenden Hauptpersonen –

Zu denen auch ich einmal gehörte, unterbrach sie ihn.

Ach, Peppina. Er riss die Arme hoch, als ergebe er sich: Ich möchte mich an jeden falschen Ton erinnern, den du gesungen hast. Doch ich erinnere mich nicht.

Wollte sie ihn herausfordern, setzte sie sich ans Klavier und spielte eine der frühen Sonaten Beethovens. Er hörte ihr zu, übertrieb die Pause nach ihrem Spiel und sagte auf dem Weg zum Klavier: Da, Peppina, hast du falsch gesungen, und spielte ihr die Passage übertrieben falsch vor.

Peppina ließ sich nicht beeindrucken. Sie spielte die Rolle, die er sich von ihr wünschte: Gut gehört, Verdi, aber frag mich nicht, warum ich falsch gespielt habe.

Er nickte ihr zu, lächelte, sodass seine Augen klein wurden: Ich denke nicht daran, Peppina.

Er nahm ihren Platz am Klavier ein, spielte ein Thema an, wiederholte es, ließ seine Hände abwartend auf der Klaviatur.

Was ist das?, fragte sie. Ist das von dir?

Als er Giulio nach Sant'Agata bat und Peppina einweihte, als er den »Otello« beendet hatte, die Unruhe wieder zunahm und er suchend zwischen seinem Arbeitszimmer und dem Garten hin und her schlich, als es so weit war, wagte ihn Peppina zu fragen, wann und wie denn der »Otello« entstanden sei. Er habe, soviel sie sich erinnere, nichts getan, habe mit ihr in Sant'Agata im Park gesessen und in Genua von der Terrasse ins Meer geschaut. Er zog sie an sich, was er nur noch selten tat, womit er sie überraschte, und sagte über ihre Schultern: Nur ein paarmal habe ich das Klavier gebraucht, als du die Gräfin in Mailand besuchtest.

Und einmal, sagte sie, hast du im Schlaf gesungen.

Frage mich nicht, ob Jago oder Otello.

Sie waren unterwegs gewesen, in Paris und zurück nach Mailand, zum ersten Mal durch den Gotthard-Tunnel gefahren, und er hatte Peppina Angst gemacht mit der Vision, der Zug könne mitten im Tunnel, in dem schwarzen Kanal, stecken bleiben, er hatte, sie erinnerte ihn später daran, von den toten Freunden gesprochen, sie sich, wie sie sagte, kindlich an seine Seite erzählt. Danach hatten sie in Montecatini Erholung gesucht und der Faden, an dem er sich entlanghangelte, riss mit einem Mal: Aus Mailand hörten sie, Clara Maffei liege im Sterben. Sie brachen auf, erzählten einander, wie sie die Gräfin kennengelernt hatten, und er wusste mehr als Peppina, seine Erinnerung holte die konspirativen Gespräche ein, wusste noch, wie Cavour auftrat und der Graf melancholisch die Verheißungen schwärzte: Die Österreicher seien stark und die Italiener, wenn es darauf ankomme, zerstritten. Chiarina widersprach ihm leidenschaftlich. Im Hotel, in seiner Suite, machten sie kurz halt, fragten sich, ob sie der Gräfin ein Präsent mitbringen sollten, warfen sich gegenseitig vor, auf eine alberne Idee gekommen zu sein.

Auf dem Weg zur Wohnung Clara Maffeis geriet er außer Atem und musste Peppina bitten, nicht so zu eilen. Er hatte den Brief, den Claras Hausdame im Hotel abgegeben hatte und in dem sie ihm mitteilte, dass die Gräfin an einer Entzündung der Gehirnhaut leide, kaum ansprechbar sei, er hatte den Brief in die Brusttasche gesteckt, und wenn er nun ans Herz griff, spürte er ihn wie eine Schutzhaut.

In den Räumen, in denen sich gewöhnlich Gäste aufhielten, willkommene oder unwillkommene, herrschte Stille, nur im Salon neben dem Schlafzimmer saß Chiarinas Arzt, der mit ihr alt geworden war, und schrieb, den Kopf schwer über den Tisch geneigt, auf einen Zettel, vielleicht, dachte Verdi, ein Rezept. Er hob den Kopf und strich eine Haarsträhne aus der Stirn: Die Gräfin weiß, dass Sie kommen. Sie ist schwach, doch nicht so schwach, um sich nicht zu freuen. Sie lag zugedeckt bis zum Kinn und versuchte, sich aufzurichten. Peppina kniete sich nieder und legte den Kopf auf die Decke.

Liebste Peppina! Chiarina Maffei hatte Giuseppina Strepponi, als sie sich Verdi zuwandte und eine Schleppe übler Nachreden hinter sich herzog, als ihre liebste und klügste Lebensfreundin bezeichnet.

Eine knochige, allzu leichte Hand legte sich auf

Peppinas Haar. Die Gräfin flüsterte, als sie Verdi begrüßte: Maestro.

Er stand wie angewurzelt, ärgerte sich über seine Hilflosigkeit.

Bitte, sagte sie, bitte.

Er nahm einen Stuhl und setzte sich an die Seite von Chiarina.

Ihr Lied »Flieg, Gedanke«, wie oft haben wir es gesungen in den »fünf Tagen«. Mailand war frei. Und hier, bei mir, traf sich die Revolution, Manzoni, Cavour. Radetzkys Soldaten waren vor dem Volk Mailands geflohen. Sie lachte. Das ohnehin unterdrückte Gelächter hob schmerzhaft ihre Brust. Kaum fort, waren die Österreicher schon wieder in der Stadt. Aber Gedanken konnten sie nicht lesen, nein. Sie schloss die Augen, der Arzt schaute herein, winkte Verdi, ihm zu folgen, und sagte ihm mit gesenkter Stimme: Die Gräfin stirbt. Bleiben Sie bei ihr, Sie sind ihre Freunde.

Verdi ging zurück und setzte sich wortlos zu Chiarina.

Die Gräfin schien nach Atem zu ringen. Dass Peppina ihr mit der Hand über die Stirn strich, beruhigte sie. Wie aus einem tiefen Traum aufgewacht, sagte sie mit Pausen zwischen den Wörtern: Manzoni hat mir sein Napoleon-Gedicht diktiert. Ja. Sie lächelte dem Ja nach und Peppina, die nicht aufhörte, die Gräfin zu streicheln, sagte, den bestätigenden Tonfall aufnehmend: Chiarina lebt nicht mehr. Sie lehnte sich an Verdi, der weinte, wie sie.

»Ich werde sie nie vergessen«, schrieb er an einen Freund. »Wir sind über vierundvierzig Jahre Freunde gewesen.«

Die Trauer machte ihn verschlossen. Peppina, fand er, trauere im Gegensatz zu ihm, laut und aufgeregt. So ließ sie ihn allein, blieb eine Weile in Mailand im Hotel, und er zog sich zurück nach Sant'Agata zu seinen Bauern. Das Wetter entsprach seiner Stimmung oder beeinflusste sie. Der Himmel schleifte schwer und düster über der Ebene, es regnete seit Tagen. Der Po trat über die Ufer. Er hatte sich bei Maria gemeldet und sie lud ihn ein, zu den Mahlzeiten vorbeizukommen, und er solle darauf sehen, bei diesem Hundewetter sich nicht zu erkälten.

Er rückte den Stuhl ans Fenster und schaute hinaus und trieb sich träge in seinen Erinnerungen herum. Er dachte, wie es mit dem »Otello« begonnen hatte, ganz gegen seinen Widerstand, sich noch einmal auf dieses Theater einzulassen. Das Wetter wurde übler, der Po riss Dörfer, Gehöfte und Äcker mit, und selbst Busseto fühlte sich bedroht. Ein Unwetter folgte dem andern. Dabei war es ungewöhnlich schwül. Mantua und Padua beklagten die größten Schäden. Giulio und der Bürgermeister überredeten Verdi, das »Requiem« für die Geschädigten und Verarmten zu dirigieren. Die Aufführung war erfolgreich und es konnte den Hochwasseropfern ein wenig geholfen werden. Danach besuchte ihn Teresa Stolz in der Garderobe, sie hatte, wie immer, ihren Part mit Leidenschaft gesungen, doch die Schwächen waren ihm nicht entgangen.

Danke, sagte er, dass du dabei warst. Sie blieb stehen, legte die Hände schützend vor die Brust: Ich hatte es mir vorgenommen, Verdi, dabei zu sein. Zum letzten Mal. Ich höre auf, dem Ruf von Impressarios, von Dirigenten zu folgen. Ich höre auf.

Er sprang auf: Nein!

Sie atmete tief durch und ließ die Arme hängen. Doch. Ich meine es ernst. Ich will nicht, dass man hört, wie meine Stimme schwach wird. Und du, du hast es schon gehört. Mache dir und mir nichts vor.

Er sah hinaus in den dämmrigen Park, redete sein Spiegelbild im Fenster an und erklärte ihm, von Neuem die Trauer als körperlichen Schmerz spürend: Teresa hat nie mehr gesungen. Wir sollten sie einladen, sagte er sich. Ich muss Peppina dazu überreden.

In einem jähen Kreuz und Quer spürte er die Ungeduld, mit der er nicht gerechnet hatte. Er hoffte, Maria werde ihn bald zum Abendessen rufen.

Damals, nach der Benefiz-Aufführung des »Requiem« hatte die Geschichte mit »Otello«, die empfindliche Freundschaft mit Arrigo Boito begonnen. Giulio, der Fadenzieher, hatte zu einem Dinner in die Ricordi-Villa eingeladen. Neben Peppina und Verdi hatten sie den jungen Komponisten Franco Faccio zum Essen gebeten, einen glühenden Wagner-Verehrer, was die Tischgespräche etwas spröd werden ließ. Denn Verdi blieb einsilbig. Erst als die Sprache auf Shakespeare kam, teilte er sich mit, seine Bewunderung für den sprachlichen und thematischen Reichtum, und zu Giulios Erstaunen offenbarte er seinen jahrzehntelangen Umgang mit »König Lear«.

Faccio verfolgte diesen Monolog mit großem Respekt, bemerkte nebenbei, dass auch Rossini beim »Otello« an der Vielschichtigkeit des Stoffs gescheitert sei. Giulio stimmte betont eifrig zu und bemerkte en passant, dass Faccios Freund Boito an einem Libretto nach dem »Otello« arbeite und sich viel davon verspreche.

Ja? Verdis Skepsis lief in einer Enthusiasmus und Erwartung fortspülenden Welle über den Tisch.

Giulio suchte nach einer Erklärung, die Verdi einleuchten könnte: Boito ist ein dichtender Musiker.

»Wie dieser Schokoladenplan entstanden ist, wisst Ihr?«, schrieb Verdi im Herbst einige Wochen später an Giulio und rief ihm und sich das Gespräch bei Tisch in Erinnerung. So, wie es sich Giulio ausgedacht hatte, funktionierten die Szenen. Faccio und Boito erschienen bei Verdi im Hotel und Faccio gelang es, die Arbeit seines Freundes gleichsam anzukündigen. Der wiederum tauchte drei Tage, nachdem er die Skizze zum »Otello« liegen ließ, bei Verdi auf, der sie, sehr angetan, gelesen hatte.

Er lobte Boito, ließ aber offen, wer das komponieren könne: Ich oder vielleicht ein anderer. Er ging Schritte zurück und nach vorn, verwirrte Boito. Melden Sie sich bei Gelegenheit, Arrigo.

Sogar während des Kaffees im Garten kamen sie nicht auf Boitos Werk zu sprechen, sodass Peppina ihn am Abend fragte, was Giulio mit ihm vorhabe, und er sie mit gespieltem Ernst korrigierte: Ich lasse es nicht zu, dass du mich als Sklaven der Ricordis siehst.

Er begann noch am Abend zu lesen und setzte die Lektüre am nächsten Tag fort. Peppina war mit Maria unterwegs. Er legte das Buch zur Seite, antwortete, indem er in die Geschichte stürzte. Keine Ouvertüre, keine Nummern. Erzählen. Und die Erzählung, ohne Atem zu holen, beginnen, so, wie er sich fühlte, im Aufbruch, nur etwas zu spät. »Allegro agitato.«

Aber mit Nebengeräuschen hatte er nicht gerechnet. Es war ein Anlauf. Er schrieb, blieb für sich. Und Peppina störte ihn nicht.

VII.

Allegro agitato

In einer Zeitung gab Boito ein Interview über seine weiteren Pläne nach dem »Mefistofele« – er habe vor, sich auf den »Otello« einzulassen.

Nein!

Peppina legte diesen wütenden Aufschrei als Ruf nach ihr aus: Was ist, Verdi?

Schau dir das an. Er reichte ihr die mit Wut gefaltete Zeitung: Der junge Herr ist ein Halunke, er spielt ein falsches Spiel, und unser Giulio mischt wohl mit.

Sie setzte sich auf die Chaiselongue, las und warf immer wieder prüfende Blicke zu Verdi: Das ist lächerlich. Pausengeschwätz. Boito wird es nicht wagen, sich mit dir zu messen.

Das behauptest du.

Sie lehnte sich zurück, schaute auf die Zeitung und sprach mehr vor sich hin: Merkst du, wie empfindlich du neuerdings bist. Jetzt hat dein Jähzorn, für den du gefürchtet warst, einen Grund von Traurigkeit.

Er legte den Arm um sie: Ja, Gemeinheiten schmerzen mich mehr denn je.

Sie fasste mit ihrer Hand nach der seinen, die schwer auf ihrer Schulter lag: Lass dich nicht stören, Verdi. Schreib Boito einen Brief und alles wird sich vielleicht als die Erfindung eines Zeitungsschreibers herausstellen.

Es war keine: »Nur Sie allein können den Otello komponieren. Und diese Tatsache wird durch die Kunst, mit der Sie uns beschenken, bestätigt«, antwortete Boito auf seine Philippika, und Peppina, die den Briefwechsel verfolgte, schloss ihn ab mit ihrem wirklichkeitssatten: Da hast du es!

Die Entschuldigung und Ermunterung Boitos halfen nichts. Die Auseinandersetzung lähmte ihn. Schon am Morgen rief er die Hunde, zog mit ihnen los, sah nach den Pferden, ritt mitunter ohne Begleitung; kehrte am Abend zurück und redete mit Nachdruck über den anderen Boito, Arrigos Bruder, den Architekten, den er für den Bau seines Altersheims vorgesehen hatte.

Peppina drängte ihn, ans Meer zu fahren, nach Genua: Das hat dir immer gutgetan, Verdi.

Er beobachtete sich, erklärte sich die kleinsten Veränderungen, fürchtete eine Zeit lang, krank zu werden.

Zum ersten Mal, seit Wochen, träumte er von »Otello«, träumte, dass ihm die Musik einfalle, was er als Ansporn auslegte, und am Tag danach umarmte er Peppina, stellte sich in die Tür, erklärte den Hunden, dass aus dem Spaziergang nichts werde, weil ihm Besseres eingefallen sei. Peppina strahlte, als sei ihr eingefallen, was Verdi eingefallen war.

Er musste sich von Neuem einhören. Kein Aufbruch mehr in Venedig. Ein Sprung mitten in die gespannten Strähnen der Gefühle. Der Sturm, vor dem die Seeleute im Hafen einer zyprischen Stadt Schutz suchen. Der Gouverneur, Otello, wird vom Volk gefeiert, da er in einer Seeschlacht die Türken besiegt hat. Das Volk lärmt, es ist der Lärm, der der Bewunderung den Atem nimmt. Der wird nun laut und dagegen Desdemonas Gesang:

Splende il cielo, danza
L'aura, olezza il fior.
Gioia, amor, speranza,
Cantan nel mio cor.

Die Erzählung versucht im Aufruhr einen Kern zu finden. Verdi redete sich die Bewunderung für Boito aus, als er bei einem Spaziergang mit Peppina im Garten zusammenfasste, womit er eben umging: Otello, der Mohr, schwarz, so wie ihn Shakespeare will, liebt Desdemona. Was weiß ich, was das für eine Liebe ist, Peppina.

Du fragst dich, obwohl du es weißt, Verdi. Sie hängt sich bei ihm ein. Ich könnte sie singen, die Liebesgeschichte Otellos, deine.

Ja, das könntest du, nur ist deine Desdemona-Zeit vorüber.

Bei welchem Takt du auch gerade bist, Verdi, es ist der falsche.

Nun hängte er sich bei ihr ein, presste ihren Arm an seinen Körper. Mit dir spazieren zu gehen, Signora, bringt mich auf bessere Gedanken und treibt mich an die Arbeit. Er verbeugte sich, überraschte sie damit und verschwand zum Haus hin. Wobei ihr auffiel, dass seine Schritte immer kürzer wurden.

Victor Maurel, der den ersten Simone Boccanegra sang, erkundigte sich – vorsichtig! – über Giulio, ob er den Jago werde singen dürfen.

Sie lassen mir keine Ruhe, beschwert er sich bei Giulio. Du redest, machst Propaganda, und alle möglichen Figuren drängen sich in meinen »Otello«. Weshalb er in diesem Gespräch über neugierige Drängler auf Chiarina Maffei kommt, weiß er sich nicht zu erklären: Sie fehlt mir und Peppina, Giulio. Sie machte uns klug und leicht.

Giulio, der noch kein Notenblatt gesehen hatte, darauf wartete, ein Bündel für den Notenstecher zu bekommen, wollte wenigstens angedeutet wissen, was der Verlag nach der »Aida« erwarten könne. Verraten Sie mir's, Maestro.

Verdi bemühte sich um eine Erklärung: Ich verknüpfe nicht, bringe keine Geschichte in Einzelstücken zu singen, keine Nummern, sondern die ganze Geschichte singt.

Ricordi, der am Tisch saß, verfolgte, wie Verdi im Zimmer, nach Worten suchend, auf und ab ging und sagte, nach einem kurzen Zögern: Das erinnert an

Wagner. Allerdings rechnete er nicht mit einem Wutausbruch Verdis.

Mich erinnert das an überhaupt nichts. Vielleicht, mein lieber Giulio, an die freundliche Tücke, mit der mir Boitos »Otello« zugespielt wurde, nachdem dieser Herrn Wagner ins Italienische übersetzte und eine Zeit lang keine Aufführung Wagners ausließ. Durchaus wissend, wie Signor Wagner sich über mich äußert, mit welcher Herablassung. Ja, mit welcher Herablassung!

Giulio beteuerte, dass er ihn nicht habe verletzen wollen: Das wollte ich nicht, Maestro.

Verdi winkte ab, etwas beschämt, aber doch seiner sicher, ging zum Klavier und begann mit dem ersten Akt, sang hin und wieder die Personen an, den Chor, bis zum »Esultate« Otellos, an dem er ebenso scheiterte wie nicht wenige Sänger auf der Bühne. Er lachte auf, schlug einen abschließenden Akkord an: So geht es weiter, weiter, bis zum Finale. Keine gedachte Musik, Giulio, vielmehr Musik selbst. Und vielleicht überrascht es Sie gar nicht, da Sie das Libretto kennen, dass ich mit dem Gedanken spiele, das Ganze »Jago« zu nennen. Denn dieser elegante Schurke ist die Hauptfigur, einer, der in seinem Ehrgeiz verletzt wird, von seinem Vorgesetzten, dem Mohren Otello, nicht befördert wird, wie er erhoffte, einer, der sich furchtbar rächt, der mit dem Leben und der Liebe spielt, Menschen zerstört, Bindungen verhöhnt. Verdi hat, ganz gegen seine Gewohnheit, einen sehr langen Satz gewagt, schon gefangen von seiner unendlichen Musik.

Peppina, die Verdis Arbeit am »Otello« als Verlängerung seines Lebens verstand, genoss auch die Nähe, auf die er sich wieder einließ. Er spielte ihr den Dialog zwischen Jago und Rodrigo vor, tief über die Klaviatur gebeugt, selbstvergessen, deutete ab und zu Stimmen an. Ich habe beim Komponieren begriffen: Das ist der Kern des Bösen, der schwarze Kristall Jagos, wenn er auf Cassio zeigt, bricht es aus ihm heraus. Hörst du? Ach hättest du einen Bariton und könntest singen: Quell animato capitano. Dieser aufgeblähte Hauptmann hat mir meinen Rang geraubt, das war Otellos Wille, und ich bleibe nur Fähnrich.

Das ist es. Eine schlimme Angelegenheit, die sich vielfach wiederholt. Nur die ungeheuerliche Intriganz Jagos übertreibt sie. Unvermittelt erhebt er sich: Ein Jahr lang habe ich für einen Akt gebraucht, Peppina, vermutlich ist dir das nicht klar geworden.

Doch, sagte sie und fasste nach seiner Hand, doch, Verdi.

Ständig kämpfe ich gegen Müdigkeit an.

Sie drückte seine Hand, redete ihm zu: Warum solltest du nicht ausruhen dürfen, wenn du müde bist?

Wenn sie ihn so fragte, hatte er den Eindruck, sie könnte zu singen beginnen.

Es gelang ihr freilich nicht, ihm aus dieser Laune zu helfen, mit der er den ersten Akt der Oper verlassen hatte. Tarda è la notte. So spät ist es nicht.

Sie lachte. Das hatte er sich gewünscht. Denn was er sagte, ehe sie schlafen gingen, musste sie, das wusste er, beunruhigen: Soll ich nun den »Otello« wirklich zu Ende bringen, Peppina? Warum? Für wen? Mir ist das egal. Dem Publikum noch mehr.

So solltest du nicht reden, Verdi.

Erlaub es mir, Peppina.

Nur, wenn du dir diese Rede ausredest, Lieber.

Komm, sagte er, wir wollen sehen, ob die Plejaden schon untergehn.

Er trödelte. Doch der zweite Akt war begonnen. Peppina durfte nichts merken, aber sie merkte es dennoch. Sie spielte mit, fragte nur einmal, ob er vorankomme. Und er log aus halber Kraft: Na ja, schon.

Sie alle wollten mehr wissen. Giulio, der Dirigent und sogar Boito, der an seinem »Nero« kaute, dieser »Gedankenoper«, wie Verdi sie für sich nannte. Vielleicht könnten wir uns in Genua treffen.

Er ging auf diesen verlockenden Vorschlag nicht ein, lief vielmehr ruhelos und ziellos über den Hof, die Hunde neben sich, die schützende Garde, einige Male ritt er aus, um nach dem Krankenhaus zu sehen und sich umzuhören. Was er hörte, gefiel ihm nicht.

Die Schwäche setzte ihm mehr und mehr zu, worauf er Peppina vorschlug, über Genua nach Montecatini zu reisen. Boito sehen, erklärte er, mehr oder weniger vage. Sie lief neben ihm her, hatte ihm nahegelegt, die Hunde zu Hause zu lassen, ihr Gehechel und ihre aufdringliche Gehorsamkeit gingen ihr auf die Nerven. Erholen muss ich mich nicht, Verdi, du schon, ja. Sie redete, wie sie neben ihm herging, in kurzen Schritten. Du schon. Und Boito hat dir, das muss ich dir nicht sagen, ein fabelhaftes Libretto geschrieben. Ja. Sie nickte und forderte ihn mit dem kurzen Ja auf, den »Otello« sich nicht aus dem Sinn zu schlagen. Montecatini tut uns immer gut. Du könntest der Stolz mitteilen, dass wir dort sein werden. Aber nein, das tu ich schon selber.

Gutgut, sagte er und fand es wieder erstaunlich, wie die beiden Frauen, die noch unlängst heftig rivalisierten, einander zugetan waren. Seit sie nicht mehr singen und an Gewicht zulegen, schoss es ihm durch den Kopf, und er schämte sich dafür.

Was ist?, fragte sie.

Ich freue mich auf Montecatini. Dottore Santini ist ein guter Arzt, er kennt mich, und ich kann mich für alle Fälle untersuchen lassen.

Boito besuchte sie in Genua. Verdi lud ihn ein auf »seine« Terrasse. Verdi lehnte sich gegen die Brüstung und wies auf das Meer, das im Dunst in seinem glasigen Grün schwebte: Schauen Sie! Boito lehnte sich neben ihn.

Wir treffen Giulio und seine Frau in Montecatini. Auch die Stolz. Also werde ich erfahren, was die Gesellschaft ausgeheckt hat und wer unbedingt den Jago und die Desdemona singen möchte. Können Sie verstehen, Boito, weshalb ich drauf und dran war, keine Oper mehr zu komponieren. Und nun haben Sie, gerade Sie, den Anstoß zu einem neuen Leidwesen gegeben.

Der warme, weiche Wind fuhr über ihre Gesichter, und Verdi stellte mit Vergnügen fest, dass Boito genauso wie er den Kopf in den wärmenden Luftzug schob und die natürliche Liebkosung genoss. Er nickte ihm zu und erfuhr von Boito, dass er die Duse kennengelernt habe, von der die Welt spricht, und die ein Wesen sei, dem er verfallen könne. Sie sei schön und verführerisch klug und glühe vor Leidenschaft.

Verdi umfasste Boitos Arm, ließ ihn gleich wieder los: Sie schwärmen ja! Als er das feststellte, durchfuhr ihn der neidische Wunsch, noch einmal so lieben zu können, mit unendlich viel Erwartung und ohne jede Aussicht.

Plötzlich hatte es Boito eilig, er schaute auf die Taschenuhr: Ich muss in mein Hotel in Nervi, dort habe ich mich mit Franco Faccio verabredet.

Verdi stieß sich von der eisernen Brüstung ab: Sie hätten ihn mitbringen können, den jungen Maestro. Er wird »Otello« dirigieren.

Boito blieb überrascht stehen: Das wusste ich nicht.

Nun wissen Sie's, Boito. Ich bin weiter in meinen Entscheidungen als das Verdi-Kuratorium in Mailand.

Boito wagte zum Abschied eine Umarmung, erstaunte Peppina, die dazugekommen war. Und ich?, rief sie, applaudierte und entdeckte, nachdem Boito sie verlassen hatte, ein mit Fäden zusammengehaltenes Bündel Papier auf der Garderobenkonsole. Neugierig blätterte sie darin, reichte es Verdi, der sich davonstehlen wollte. Halt!, das ist für dich. Offenbar eine Flaschenpost Boitos an deine Zukunft.

Er hob abwehrend die Hände: Was redest du für einen Unsinn, Peppina. Er las das Titelblatt: »Die lustigen Weiber von Windsor«. Das nenne ich einen listig ausgelegten Köder. Für zuletzt.

Peppina fiel ihm mit ihrer Sängerin-Stimme ins Wort: Sag das nicht, Verdi. Sie stellte sich vor ihm auf und packte ihn bei den Armen. Lies, was er dir hingelegt hat, der schlaue Boito. Lies es und vielleicht hast du noch eine weitere Arbeit nach dem »Otello«.

Sie bekam ein entschiedenes Nein zur Antwort.

Er hatte dem Dottore in Montecatini telegrafiert, seine Ankunft gemeldet und darum gebeten, dass er einen Termin bekomme. Als er auf der Post das Telegramm aufgab, wurde ihm schlecht. Er schien sich im Voraus krank zu fühlen. Er schob das Papier über den Schalter, wendete sich Peppina zu, die hinter ihm stand, und sagte, staunend über sich: Ich bin ein Hypochonder.

Peppina versetzte ihm einen Stoß in den Rücken: Du doch nicht, ich bitte dich. Als sie durch die Stadt zur Wohnung spazierten, Peppina an seinem Arm, er hin und wieder von Passanten respektvoll gegrüßt wurde, begann er zu lamentieren: Ja, ich bilde mir Wehwehchen ein, gelegentliche Schwächen. Aber dass es mir schwerfällt zu arbeiten, ich mich gegen einen Widerstand bewege – das stimmt.

Das weiß ich. Ich weiß aber, was dir gelingt, Verdi. Was soll es, wir spüren die Jahre, atmen etwas schwerer, bewegen uns etwas mühsamer, lieben uns etwas vorsichtiger. Sie schickte ihrer Rede ihr ansteckendes, leichtes Bühnenlachen nach, sodass Passanten stehen blieben und lächelnd weitergingen.

Jeder Aufbruch nach Montecatini begann mit einer ausdauernd geführten Debatte über die Zahl der Koffer.

Wir sind nur eine Woche dort, Peppina.

Wem sagst du das?

Dir und den armen Gepäckträgern.

Du musst kein Erbarmen mit ihnen haben, Verdi, du solltest sie nur ordentlich bezahlen.

Das war so ein Moment, in dem sie aufsprang, sich verzog: Du stiehlst mir die Zeit.

Sie spielten sich in die Vorfreude. Er atmete durch, der Herbst brach gelegentlich mit kühlen Schwaden in die vormittägliche Hitze. Er zog sich auf die Terrasse zurück, hatte Lust, einige Takte weiterzukommen, holte sich die Blätter von Boito, hörte schon, was er nicht aufschreiben mochte, und wurde, als gehöre alles zu einer Szene, die er vorausgedacht hatte, von Peppina aus seinen Grübeleien gerufen: Boito wartet auf dich, und sie faltete kurz die Hände, führte sie vor die Lippen, was er als Warnung und Bitte las: Sei freundlich zu ihm.

Doch sie musste ihn nicht bitten. Boito regte ihn an, seine Intelligenz, seine immensen Kenntnisse, und außerdem konnte er erzählen.

Ich bin gespannt, wozu er mich wieder überreden will.

Boito nahm die Distanz der Jahre in Acht, schon im Gruß: Signora, Maestro. Er verbeugte sich. Verdi zeigte auf einen Sessel, auf dem er Platz nehmen sollte, und setzte sich selbst. Peppina verschwand mit dem Elan und der Laune, so wie sie vor Jahren die Bühne verließ.

Es fiel Verdi noch immer nicht leicht, eine beinahe selbstverständliche Zurückhaltung gegenüber Boito aufzugeben. Der strahlte und erzählte. Von Giulio, der die Uraufführung des »Otello« in der Scala in die Wege geleitet habe. In einer Konferenz, Maestro! Und alle, alle diese Nobilitäten des Theaters und der Musik fürchten Sie!

Die erwünschte Erholung begann mit Turbulenzen. Verdi hatte eine Droschke zum Bahnhof bestellt, war noch am Abend vorher bei dem Kutscher, den er gut kannte, vorbeigegangen, hatte ihm die Zeit gesagt, immerhin früh genug für den Zug, und nun saßen sie auf den Koffern, bewegten sich nicht, nur Verdi zog in regelmäßigen Abständen die Uhr aus der Tasche, sagte, vielleicht um Peppina in Bewegung zu setzen, die Zeit an, und je knapper sie wurde, umso unruhiger und lauter wurde Peppina, sie sprang auf, stellte die Koffer um, war sich allmählich sicher, dass sie den Zug versäumen würden, doch schließlich klopfte der Kutscher: Sie sind spät, bellte der Maestro, Sie müssen sich sputen, forderte Peppina. Er schaffte es, in Windeseile das Koffersortiment zu verstauen, und trieb die Pferde zum Galopp, folgte am Bahnhof den beiden Herrschaften und einem Rudel von Trägern, schleppte selbst ein Gepäckstück, lud es im Abteil ab, verschwand, ohne dass

Verdi ihn für seine ausserordentliche Leistung bezahlen konnte, was ihn, kaum hatte er sich auf seinen Platz fallen lassen, erschreckte. Er verzog das Gesicht, worauf Peppina sich sorgenvoll erkundigte, was um Himmels willen ihm nun wieder fehle. Nun wieder fehlt mir nichts, Peppina, ich habe nur etwas unterlassen, den Kutscher zu bezahlen, was sie weniger verdross: Gib es ihm beim nächsten Mal, Verdi, dann freut er sich, wenn er mehr bekommt.

Er liebte es, in Montecatini anzukommen, dieser gesegneten Insel der leidenden Müßiggänger, wie er den Ort einmal einem französischen Gast beschrieb. Peppina, vorsätzlich noch atemlos – immer diese Hast! –, eilte, kaum hatten sie den Portier begrüßt und kaum war das Gepäck auf dem Zimmer, durch die Salons, die Gänge in den Park, um nachzusehen, ob die Freunde schon angekommen seien. Und die meldete sie ihm, zwischen Balkon und Bettrand hin und her trippelnd. Der Maestro Verdi ist zu Gast, das Hotel brummt schon wieder und manche Personen fragten mich, ohne dass ich sie ermunterte, nach deinem Wohlergehen. Er legte sich hin, verschlief das Dinner, doch ließ er sich Wein und Käse bringen. Dann legte er sich erneut schlafen, mit vollem, drückendem Magen, worüber er klagte.

Dir ist nicht zu helfen, gab ihm Peppina in den Schlaf mit.

Giulio war sichtlich erpicht, mit ihm über den Fortgang des »Otello« zu reden und vor allem über die

Premiere in Mailand, die Besetzung und die weiteren Aufführungen, die in Aussicht stünden. Klar war, dass Faccio in der Scala die Premiere dirigieren werde. Und Maurel wiederum stehe für den Jago fest – aber Verdi hatte seine Zweifel: Er mag zwar eine fabelhafte Stimme haben, einen brauchbaren Bariton, doch für den Jago, dem Boito einen finstern Dämon mitgab und den in meine Musik zu holen mich provozierte, reicht es nicht. Otello dagegen, der Sieger einer Seeschlacht, der Mohr von Venedig, ist nur das wortlose Objekt der Rache Jagos.

Wie gerufen erschien während dieser Unterhaltung im Park des Hotels Francesco Tamagno. Er hatte sich sprungweise genähert. Manchmal verschwand er hinter einem Baum, manchmal verschluckte ihn ein Schatten, manchmal begrüßte er Passanten, hüpfte über eine niedrige Hecke. Gleich ist er da, flüsterte Giulio, der den Annäherungstanz des Tenors verfolgt hatte. Wer?, fragte Verdi. Otello oder nicht Otello, wisperte Giulio und das Blut schoss ihm ins Gesicht, als Tamagno vor ihnen haltmachte: Meine Verehrung, Maestro, buon giorno, Giulio.

Verdi entschloss sich, den Ungehaltenen zu spielen, den aus seinen Gedanken gerissenen: Buon giorno, Tamagno, Sie haben die Gelegenheit, die Sie suchten. Ein Page wird Ihnen den ersten Akt der Oper, an der ich arbeite, aufs Zimmer bringen. Ich bitte Sie, ihn zu studieren, und wir werden morgen über Ihren Eindruck sprechen. Ja, so weit wären wir. So weit bin ich. Addio.

Ricordi sah verdutzt dem davoneilenden Sänger nach. Genügt denn das, Maestro?

Für den Anfang, bekam er zur Antwort.

Teresa Stolz und Peppina – alt gewordene Schwestern, dachte Verdi, als sie Arm in Arm auf sie zukamen – kündeten mit Vorsicht an, die Ablehnung des Maestro fürchtend, dass sie den Hotelfotografen zu einem Gruppenbild bestellt hätten, morgen vor dem Lunch am Pavillon.

Ich bin morgen Vormittag mit Tamagno verabredet. Ihr müsst gewärtig sein, dass der große Tenor mit auf das Bild möchte. Seine Griesgrämigkeit löste bei den Frauen Gelächter aus, er hörte es zweistimmig, zweifarbig, hell und dunkel.

Für den Fotografen musste er die Mitte halten. Bleiben Sie bitte sitzen, Maestro. Tatsächlich hatte sich der Tenor eingestellt, schwafelte zu allem Überfluss von einem historischen Moment, die Damen kicherten, und mehr und mehr Zuschauer versammelten sich um die Szene.

Ehe sie abreisten, bat ihn der Arzt noch einmal zu einem Gespräch. Er sei, hörte er, kerngesund, falls er aber diesen Zustand nicht gefährden wolle, müsse er sich unbedingt schonen. Ich weiß, dass die Welt viel von Ihnen verlangt, wahrscheinlich auch viel Unmögliches. Lassen Sie sich nur auf Wünsche und Forderungen ein, die Ihnen notwendig erscheinen.

Der Abschied fiel ihm schwer und Peppina erklärte er, ohne Begründung, weshalb: Sonderbar, ich habe mich an die Bequemlichkeiten des Kurbetriebs und der freundlichen Gegend gewöhnt.

Am Morgen vor der Abreise hatte sich Francesco Tamagno gemeldet, wie verabredet, und seine Ansicht über Otello – meine Rolle, wie er betonte – mitgeteilt. Verdi berichtete Peppina von der kurzen Begegnung, denn sie hatte den doch erregten Wortwechsel gehört.

Ich habe den Esel eingeladen, mit mir in Mailand die Rolle Szene für Szene durchzugehen. Er hat, denk dir, den Otello zu einem Waschlappen erklärt, weil er es aufgegeben habe, Feldherr zu sein, bloß noch vor Eifersucht wimmere und Cassio nicht zum Duell fordere. So sprach mein Otello und widersprach schlichtweg meiner Musik. Er schlug vor, in Genua noch haltzumachen. Sie hingegen drängte es nach Sant'Agata.

Hast du vergessen, dass wir Schulden haben und ich dem Droschkenkutscher nicht als Gauner in Erinnerung bleiben möchte.

Du, lachte sie, du ein Gauner; er betet dich an, Maestro Verdi. Nein, du kannst es dir nicht leisten, ein Gauner zu sein. Das ist nicht deine Rolle.

Sie wurden nicht, wie sonst, von der Haushälterin, dem Verwalter erwartet, was Verdi verwirrte: Sind wir verlassen?, fragte er und zog einen Koffer aus der Kutsche. Ist es so weit, dass ich mich selber empfange?

Peppina, geübt, derartige Spiele aufzunehmen, sagte mit ansteckender Heiterkeit: Immerhin hast du mich mitgenommen, dass ich dich gleich willkommen heißen kann: Willkommen in Sant'Agata.

Post von Boito wartete auf ihn. Und eine Karte von Tamagno, auf der er Verdi dankte für seine Großzügigkeit. Er werde sich sofort bei ihm melden, wenn er von Ricordi höre, dass er seine Suite im Grand Hotel Milano bezogen habe. Diese banale Mitteilung war schuld an der Unruhe und Unlust der nächsten Tage.

Ach, Verdi, klagte Peppina, du bist kaum auszuhalten.

Das sage ich mir auch. In Gedanken ging er ständig mit den Otellos und Desdemonas um, die ihm vorgeschlagen waren, ihren vorhandenen oder nicht vorhandenen Qualitäten.

Er floh vor den falschen Stimmen, ohne es Peppina zu erklären. Aber sie verstand ihn. Ehe er nach Mailand aufbrach, fragten sie sich gegenseitig, ob es gut wäre, wenn Peppina ihn begleite. Aber sie kamen überein, er müsse ohne ihren Beistand mit all den Sängern fertigwerden. Noch einmal ging er mit den Hunden durch den Park, vermied es aber, sich bei dem Verwalter nach dem Gang der Dinge zu erkundigen, sonst hätte er noch die Pferde besucht, die Mühlen und die Käserei. Peppina winkte der Kutsche nach und im Hotel kam ihm der Portier entgegen, strahlend, sich verbeugend, und teilte dem Maestro mit, das Klavier auf dem Zimmer sei gestimmt. Und Signor Tamagno habe sich bereits nach ihm erkundigt und möchte einen Besuchstermin. Verdi hörte dem Begrüßungssermon lächelnd zu, am Ende verdüsterte sich seine Miene: Die Stimmen, sie verfolgen mich. Der Portier wagte es nicht, nach den Stimmen zu fragen, und entfernte sich zögernd.

In der Suite ging er suchend umher, bereute es, Peppina nicht gebeten zu haben mitzukommen, probierte das Klavier aus. Noch in Montecatini hatte er die letzte Szene des dritten Aktes gelesen, sich vorgenommen, Boito seine Bewunderung darüber mitzuteilen. Wie der Doge Cassio zu Otellos Nachfolger bestimmt, den vorgeblichen Geliebten Desdemonas, diese Ausgeburt der Fantasie Jagos, und wie in wüster Wut Otello die Gesellschaft auseinandertreibt und in Ohnmacht fällt. Lauter Bewegung, die er in tönende Gesten umsetzen konnte, erzählen. Würde ihm nur nicht ständig dreingeredet. Maurel, dem zukünftigen Jago, antwortete er auf dessen Anfrage: »Der ›Otello‹ ist noch nicht völlig fertig, wie man Ihnen gesagt hat, aber er ist recht weit zum Ende gediehen. Ich beeile mich nicht, die Arbeit fertig zu machen, weil ich bisher nicht daran gedacht habe und auch jetzt nicht daran denke, das Werk aufführen zu lassen ...«

Er schrieb den Satz gegen seinen Vorsatz nieder und fand, Peppina würde ihn als kokett bezeichnen.

Sie überraschte ihn und Tamagno im Gespräch über Otello. Sie habe Zahnschmerzen und sich beim Arzt angemeldet.

Ob er sie begleiten solle, fragte er, Signor Tamagno habe sicher Verständnis für die Unterbrechung.

Sie winkte ab und verschwand, ließ die beiden

Männer und hörte eben noch Tamagno singen: »E tu come sei pallida«, wie bleich du bist, hörte es anders, wiederholte es in Gedanken und kam, wiedergekehrt vom Zahnarzt mit einem ungefügen Mund, sofort darauf zurück.

Ja, das ist eine der heiklen Stellen. Und außerdem fürchte ich, er könnte das Ende nicht schaffen, Otellos Ende.

Er spielte auf dem Klavier eine Passage, die sie nicht kannte.

Bist du fertig, Verdi, hast du mir das verheimlicht?

Er wiederholte die Phrase und redete laut hinein: Nein, Peppina, ich will nicht fertig sein, und ich muss durchsetzen, dass Giulio und Boito davon ablassen, ständig von Jago zu sprechen, diesem Giganten, aber nicht seine Schärfe, seine Gemeinheit teilt meine Musik mit, sondern Otellos Verletzbarkeit, seine verratene Liebe, die tödliche Torheit aus Liebe.

Hast du ihn weggeschickt, Verdi? Wird er die Rolle bekommen?

Er setzte sich vors Klavier, sehr langsam, gegen den Widerstand schmerzender Glieder, sie sah, die Hand vorm Mund, zu, versuchte sich und ihn abzulenken, indem sie auf eine Petition kam, in der Wohlmeinende und Profitierende sich für eine Aufführung des »Otello« aussprachen. Er sprang auf – und das ohne Mühe: Ein rührendes Dokument, das mich »verpflichtet«. Aber ich denke nicht daran, die Oper freizugeben. Und werden nicht die, die unterschrieben haben, mich am Ende beleidigen und verhöhnen?

Sie legte ihren Kopf in die Hände, wie es ihre Angewohnheit war, doch dieses Mal wusste sie einen anderen Grund: Mein Zahnschmerz lässt nicht nach.

Er trat auf sie zu, legte seine Hände um die ihren: Es ist verrückt, was ich dir jetzt sagen werde, Peppina: Der Schmerz macht dich jünger.

Sie befreite sich heftig aus seinem Griff: Unsinn. Und weißt du: Der »Otello« macht dich älter.

Er atmete tief durch, zog sie an sich: Mit Streit machen wir es nicht besser, den Zahnschmerz nicht und das Alter nicht.

Von da an übte er mit Tamagno, erklärte ihm seine Rolle, fuhr danach nach Sant'Agata und setzte fort, bis wohin er mit Tamagno gelangt war. Takt für Takt. So hielt er sich in ständiger Bewegung, rhythmisierte seine Erzählung. Boito und Giulio verfolgten das Hin und Her mit angehaltenem Atem.

Nur Alfredo Edel, der Kostümbildner, stellte sich ihm für einen Augenblick in den Weg mit der Frage, in welcher Zeit »Otello« spiele. Man einigte sich auf die Jahre zwischen 1520 und 1525, und Edel begab sich nach Venedig, um dort Farben und Gewänder einzusammeln. Verdi vertraute ihm. Sie hatten öfter zusammengearbeitet, beim »Don Carlo«, bei »Simone Boccanegra«.

Der Stoff sickerte in seine Träume und er hörte sich und andere Stimmen, er sah den Mohren und Jago. Beide hatten Namen: Maurel und Tamagno. Nur Desdemonas Stimme konnte er nicht aufrufen, manchmal sprach sie Peppina, manchmal die Waldmann nach. Und die Szenen, die Handlungsknoten, die er fürchtete, verlangten eine Stimme, ein ihn stimulierendes Timbre. So fehlte ihm für die Erinnerungsmusik der Desdemona die Klage der Magd Barbara, die von ihrem Liebsten verlassen wird und das Lied von der Weide singt, der Trauerweide, die ihr Kranz sein soll. Er hat sich viele Male zitiert in dieser Oper, doch jetzt erinnert er sich mit einer Person, deren Trauer ihn überwältigt. Peppina, die er bat, das Lied auszuprobieren, deklamierte und sang nicht, doch ihre Stimme gewann auf diese Weise einen eigenen Glanz und Zauber. Das ist ein ganz anderer Verdi, sagte sie und setzte das Lied fort. Und fragte, was er sich fragte: Wer soll das singen?

Frag mich nicht, Peppina.

Boito war, wie er ihm schrieb, mit der Übersetzung ins Französische fertig und Gailhard von der Opéra forderte noch ein Ballett. Es gelang ihm nebenher, und er setzte es mit den letzten Takten der Oper fort.

Bei Shakespeare, spottete Peppina, müssen die Helden stets sterben.

Falstaff nicht, widersprach er.

Giulio drängte, die Scala drängte, die Erwartungen machten ihm Angst, den aufkommenden Rummel hatte er noch beim »Carlos«, bei »Aida« ertragen, ihn sogar ausgenützt, jetzt fehlte ihm die Lust. Er schob es auf sein Alter.

Romilda Pantaleoni löste Tamagno in den Übungsstunden ab, seine lang gesuchte Desdemona. Ihre Stimme hatte Mängel, und er riet ihr mit vehementer Ausdauer, sich der Kopfstimme zu bedienen. Sie und wir haben dann mehr davon, Signora Pantaleoni. Eine Woche lang hielt er sie in Sant'Agata fest. Peppina wurde allmählich eifersüchtig und darin von Teresa Stolz unterstützt. Über die Qualität der Stimme äußerten sie sich nicht, obwohl er mehrfach um ihr Urteil bat.

Das hörst du doch selber, Verdi.

Ist denn der »Otello« noch immer nicht fertig, fragte Franco Faccio bei einem Besuch.

Verdi winkte ab: Vielleicht lasse ich den »Otello« in meinem kleinen Theater im Garten aufführen.

Peppina, die seine Melancholie nur schwer ertrug, denunzierte die Laune ihres Liebsten: Er hat gar kein Theater im Garten.

Verdi entließ Faccio mit dem Trost, dirigieren werde er die Oper hier wie dort.

Drei Jahre lang war er in die Erzählung verstrickt, plante und erpresste mit Jago, litt an der Ohnmacht Desdemonas und wehrte sich gegen den oktroyierten und grundlosen Schmerz Otellos. Peppina bekam die Partitur als Erste zu lesen. Sie las sie wie einen Brief, eine Botschaft über die vergangenen drei Jahre, staunte über die sprechende Kraft ihres Liebsten, seine, wie sie ihm in einem Moment großer Zärtlichkeit bekannte, tönende Seele. Er war erleichtert. Ein kindlicher Stolz, alle Stockungen, Müdigkeiten, Pausen überwunden zu haben, erfüllte ihn. An Boito schrieb er: »Ich bin fertig! Heil uns ... (und auch ihm!) Leben Sie wohl.« Und Giulio Ricordi bekam ein dreifaches »Fertig!!!«.

Ein Anfangssignal. Es kann begonnen werden mit dem Druck, mit der Korrektur.

Giulio teilte der Welt mit, dass von Giuseppe Verdi ein neues Werk aufgeführt werde, und prompt gab es Anfragen von Opernhäusern, Petitionen von Bewunderern. Er bekam es mit der Angst zu tun, wehrte ab. Der Internationale Künstlerclub in Rom, hörte er, habe eine Adresse aufgelegt, um ihn zur ersten Aufführung des »Otello« nach Rom einzuladen.

»Ich weiß nicht, ob diese Nachricht richtig ist. Sollte sie das sein, so erlauben Sie mir, Herr Präsident, dass ich aus diesem Anlass nicht nach Rom kommen kann und darf. Meine Gegenwart wäre, rein künstlerisch gesprochen, völlig überflüssig. – Und warum sollte ich nach Rom kommen? Um mich angucken zu lassen? Oder um Händedrücke zu empfangen?«

Er las Maria, die gekommen war, um das Ereignis mit zu feiern, und Peppina den Brief vor, betont theatralisch, erntete jedoch nicht, wie er erwartete, vergnügte Zustimmung. Maria schwieg lächelnd. Peppina hingegen wagte auszusprechen, was er erwartete: Du hast recht mit dieser Absage, Verdi. Sie werden dich in die Mangel nehmen, nicht nur angucken, sie werden dich heiligsprechen und in die Hölle stürzen ... Wirst du das aushalten, nach der Ruhe in Sant'Agata? Ja, du wirst es genießen – sie nickte hinter dem knappen Satz her. Das ist kein Widerspruch. Ich kenne dich. Du wirst jubeln und klagen. Ja.

Verdi wiederholte ihr Ja, schob das Blatt ins Couvert und verließ das Zimmer. Die Hunde folgten ihm, ohne dass er sie aufforderte. Die beiden Frauen schauten ihm nach, Peppina legte den Arm um die Schulter der Jüngeren: Er ist im Grund ein Bauer aus Busseto, Maria, er widersteht allen Wettern.

Bevor die Proben begannen und nachdem die Korrekturen beendet waren, reisten Verdi und Peppina nach Genua. Um Ruhe zu haben.

Es war kalt, hatte, gegen die Regel, ein wenig geschneit. Der Himmel hing tief und schleppend über der Stadt, das Meer nahm seine düstere Färbung auf.

Peppina hatte schon vor der Abreise über Magenschmerzen geklagt: Als würde ich von innen her faulen. In Genua wurden die Schmerzen stärker, sodass kein Tee mehr half und der Arzt, den der Portier gerufen hatte, ihr einen Aufenthalt im Krankenhaus vorschlug. Sie reisten ab, Peppina war sicher, Sant'Agata lindere die Schmerzen. Unterwegs erklärte sie Verdi, warum: Weißt du, ich bin sehr gern Gast in unserem Haus. Es ist wohltuend, in den Zimmern, an den Bildern entlangzugehen, in der Bibliothek nach Lektüre zu suchen und dich durch die offene Tür bei der Arbeit zu sehen. Und unsere Köchin segnet meinen kranken Bauch mit einer wunderbaren Kost. Sie saßen wie zwei frisch Verlobte im Abteil, eng aneinander, die Hände ineinander verschlungen.

Sie kamen nach Hause und mit ihnen eine freundliche Gesellschaft, ein Schutzwall gegen die Wellen von Unruhe: Franco Faccio, der Dirigent, Teresa Stolz, Boito und sein Freund Giuseppe Giacosa.

Boito und Verdi saßen über der Partitur, doch zum Abendessen traf man sich. Die Köchin übertraf sich, Peppinas Magen zuliebe und um Lobsprüche des Maestros zu hören. Manchmal gingen sie hinaus vor die Tür, tranken, rauchten, Verdi und Peppina saßen so, wie im Zug, auf den Eingangsstufen und genossen die Zuneigung ihrer Gäste. Mit einem Mal, so wird erzählt, ertönte ein Thema aus »Ernani«, erst sang es die Stolz, dann Franco Faccio, Peppina fiel ein, begleitet von Boito, und am Ende sang Verdi allein.

Teresa schwärmte von den magischen Augenblicken, die der »Otello«-Aufführung vorausgingen.

Es war ein Anfang. Er nahm, gegen seinen Vorsatz, sich nicht auf den Betrieb einzulassen, Schwung. Boito blieb noch ein paar Tage – kalte Tage, der Winter plagte die Bauern –, um bei der Instrumentierung auszuhelfen. Voller Eifer und voller Respekt. Es sei ein neuer, großer, die Zukunft der Musik beeinflussender Verdi. Ein Triumph über Wagner. Verdi, neben ihm auf der Bank sitzend wie ein Schüler, klatschte in die Hände: Und das höre ich von einem bekennenden Wagnerianer.

Sie übertreiben, Maestro.

Ach, Boito, wie viele Übertreibungen habe ich im Lauf meines Lebens hören müssen.

Manchmal geriet Boito geradezu ins Schwärmen. So bei dem knappen Thema, das Otellos wie Desdemonas Liebe gewidmet ist: Con espressione. Er summte es und klopfte den Takt auf dem Tisch. Verdi ließ sich nicht rühren. Das ging ihm zu weit.

Es ist das Alter, Boito, Sie werden auch noch dazu kommen. Da wird die Kunst spröde und schüchtert ein. Und jede allzu deutliche Bewegung wird albern.

Es war ein Moment, in dem für Boito Bewunderung in Zärtlichkeit umschlug und er spontan den Alten in die Arme nahm, der aber stocksteif reagierte, vielleicht aus Verlegenheit oder weil er überrascht wurde.

Giulio hatte der Scala die Probendauer abgehandelt: vier Wochen.

Verdi und Peppina zogen um. Er ging durch ein Spalier von Erwartung und wehrte sich mit Arbeit.

Romilda Pantaleoni, die mit ihrem Mann ebenfalls im Grand Hotel Milano logierte, bat er gleich in seine Suite, und sie gingen das Seelenleben Desdemonas durch, indem er ihr Motiv für Motiv, Arioso für Arioso abverlangte.

Ihre Stimme darf nicht ersterben, Signora, wie Desdemona, rief er, und Peppina unterstützte die junge Kollegin mit einem Bravo.

Inmitten der Turbulenzen wurde er sich seiner Rolle erneut bewusst, als der Hotelier fragte, ob er über der Tür zu seiner Suite nicht ein Schild anbringen könne: Giuseppe-Verdi-Zimmer. Er reagierte geradezu ausgelassen mit einer Variation von Ablehnungen. Peppina lauschte und gab die Suada wörtlich Teresa Stolz wieder:

Aber hören Sie, Signor Spatz, sehen Sie mein Zimmer als meine Gruft? Und bin ich es überhaupt wert, einem Zimmer einen Namen zu geben? Und wollen Sie es Ihren Gästen zumuten, in ein Verdi-Zimmer zu ziehen? Und dürfte es nicht schwierig für Sie werden, eine Schilderputzerin zu finden? Oder sollten Sie, wenn schon, nicht alle Zimmer benennen nach Cavour und Garibaldi, womit Sie, ich versichere Ihnen, Ärger bekommen? Oder nach Wagner, dem Tedesco? Und ich rücke mit meinem Zimmer weiter. Lassen wir es bei Numero 80.

Peppina beobachtete nicht ohne Bedenken das Treiben und erinnerte ihn daran, dass er, nachdem er den zweiten Akt von »Otello« komponiert hatte, in ebendiesem Verdi-Zimmer in Ohnmacht gefallen sei und es dem Zimmerkellner verdankte, der ihn fand und einen Arzt rief. Und dann hast du eine Weile nicht mehr gearbeitet, Verdi, und jetzt bist du fertig mit deinem »Otello«.

Und ich hole Signora Pantaleoni ab, und wir eilen zur Probe.

Es war nicht das Probenfieber, diese Mischung aus Erwartung und Zweifel, Aggression und Nachgiebigkeit; alles schmerzte. Er sah sich fragend zu und erwartete, was ihn erwartete.

Wir könnten den »Otello« auch bei uns im Garten aufführen, für die Bauern von Busseto, hatte er Peppina gesagt, der seine Gleichgültigkeit unheimlich wurde.

Im Aufgang zur Bühne hörte er den Inspizienten: Bühnenlicht für den Maestro.

Im Gehen sagte er diesen Satz vor sich hin. Wie oft hatte er das hier hören können, vor der Probe, wie oft hatte ihm die Scala Verdruss bereitet durch einen Schlendrian, der seine Ideen verdarb. Nun hatte er sie, die Herren der Scala, geknebelt, im Regie-Vertrag darauf bestanden, das Werk noch nach der letzten Probe zurückziehen zu können, wenn die Kostüme nicht den Entwürfen entsprächen und das Bühnenbild aus notorischer Einfallslosigkeit bestünde.

Er ging schneller, stolperte über ein zusammengerolltes Seil, geriet aus dem Gleichgewicht, griff mit der rechten Hand neben sich in die Luft, als begleite ihn Peppina und er könne bei ihr Halt finden. Für einen Augenblick schämte er sich über diese Abhängigkeit, es kam aber ein Glücksgefühl hinterher, wie bei einem guten Wein. Er hörte den Atem eines Hastenden, Franco Faccio lief an ihm vorbei, entschuldigte sich für die Eile.

Wenn Sie das Tempo beim Gewitter vorlegen, mein Lieber, dann würden Sie mir eine Freude bereiten.

Ich werde daran denken, Maestro.

Nun holten sie ihn, der plötzlich Hindernisse auf dem Gang fürchtete, alle ein – Tamagno, der mit angewinkelten Armen in die Dämmerung hineinruderte, Maurel, der ihn mit einem kunstvollen Gehüstel warnte, und Romilda Pantaleoni, die sich bei ihm einhakte.

Danke, sagte er, denken Sie nur daran, bei der Kopfstimme zu bleiben, Romilda.

Beide traten sie ins Licht, das der Inspizient ausgerufen hatte. Der verbeugte sich, Verdi ging über die

Bühne, musterte die noch unfertige Kulisse, begrüßte anwesende Orchestermusiker, die Solisten, die ihm nicht auf dem Gang zur Bühne begegnet waren. Die Bühnenarbeiter standen in einer Reihe zum Appell. Den Damen und Herren des Chors rief er zu: Sie haben gleich zu tun.

Er klatschte in die Hände. Faccio lief zum Klavier.

Sie kennen die Partitur, was wir jetzt hören, ist die Natur, ein Gewitter, das über Zypern niedergeht. Zur gleichen Zeit, als die venezianischen Schiffe unter dem Befehl ihres Admirals Otello einfahren. Hören Sie. Sogar die Bühnenarbeiter liefen nicht weg, hörten zu. Faccio spielte bravourös. Verdi zeigte auf die leere Bühne, die in »sein« Licht getaucht war: Es ist ein Ausbruch, ja, die Ankündigung einer Katastrophe. So sind wir gestimmt, sagte er zu den Sängern hin. Etwas unsicher fiel der Chor auf ein Zeichen Faccios ein: »Gitate i palischermi/Mani alle funi! Fermi« (Setzt die Boote aus/An die Taue! Haltet fest!). Dem Chor der Matrosen spaltete sich das Volk ab: »Evviva! Evviva! Evviva!« Tamagno schritt an Verdi vorbei, schon Otello. Und Verdi wusste, wie die Furcht auf seiner Brust lastet, diese Höhe, dieser Glücksschrei, der ihm glücken muss: »Esultate! L'orgoglio musulmano sepolto è in mar« (Freut euch! Der Stolz der Muselmanen liegt begraben im Meer). Er schaffte es nicht.

Ja?, fragte Tamagno, bevor das Volk wieder einfiel.

Nein, gab ihm Faccio zur Antwort.

Verdi, der den Sänger von seiner Furcht befreien wollte, nickte Faccio zu. Wir probieren es noch einmal und erklärte Tamagno, dass das zypriotische Volk sich auf der Bühne befinde und nicht im Zuschauerraum, den Milanesen müsste er seinen Sieg nicht nahebringen. Also –. Er sang es im Sprung. Zum Chor hin. Bravo!

Einer der Bühnenarbeiter brachte einen Stuhl für den Maestro. Der geriet durcheinander, denn in all den Jahren bei allen Proben war ihm das noch nicht passiert.

Meistens sah Peppina den Proben zu. Und meistens mahnte sie ihn, nicht zu übertreiben. Mit Recht. Einmal, als er Tamagno vorführen wollte, wie er mit dem Schwert umzugehen habe, ein Mörder und ein Selbstmörder, verlor er das Gleichgewicht, stürzte und rollte die Treppe auf der Bühne herunter. Er blieb liegen, sah zu, wie der Schreck die Truppe erstarren ließ, lachte und ließ sich von Jago und Otello auf die Beine stellen.

Bei der Generalprobe ärgerte ihn Maurel, der zwar vorzüglich sang, aber derart chargierte, dass er komisch zu werden drohte. Verdi saß im Saal, redete nicht hinein, war mit Kostümen und Kulisse zufrieden, fragte Peppina mehrmals, ob es ihr gefalle, und sie ärgerte ihn jedes Mal mit der Antwort, er solle sich doch selber fragen.

Es ist der fünfte Februar. Er hat schlecht geschlafen. Peppina beteuert, sie sei längst wach. So beginnt der Tag mit einem rituellen Morgenzwist.

Ich habe wach gelegen.

Du hast tief geschlafen, mein Lieber.

Was weißt du schon.

Sie weiß es besser. Das Gespräch verläuft in Sprüngen über einer Spannung, der beide ausgesetzt sind.

Es ist kalt, Verdi.

Das musst du mir nicht sagen.

Du solltest aber achtgeben.

Bin ich ein Kind?

Manchmal schon.

Und was manchmal auch? Kannst du mich umarmen und mir über die Achsel spucken?

Sie tut's, reckt sich, pustet ihm über die Schulter, so wie sie sich oft von Kollegen auf die Bühne schicken ließ.

Die Welt wartet. Sie spricht die drei Wörter wie ein pathetisches Rezitativ.

Na ja, Aufgeregte gibt es genug: Kritiker, Opern impresarios, wohlmeinende Kenner, Boito und mich, Giulio dazu. Die Welt?

Aber sie kommen aus ganz Europa, habe ich gehört.

Sie? Liebste, mach dir mit ihnen nicht Angst.

Es ist, weil du seit Jahren wieder eine Oper komponiert hast.

Und weil Boito das Libretto schrieb.

Sie nimmt ihren Kopf zwischen die Hände, verdreht die Augen: Er wartet unten in der Halle. Wir sind verabredet, Verdi, und du hast nicht einmal die Hosen an.

Sie half ihm beim Ankleiden, lachte gegen seine Aufregung an, und schließlich verließen sie das Zimmer.

Auf der Treppe holte sie Faccio ein, der sich von Peppina über die Schulter spucken ließ.

Sie fuhren mit der Droschke zur Scala, obwohl der Weg nicht weit wäre. Er wusste genau, was ihn erwartete: Ich möchte nicht schon vor dem Rummel durch ein Spalier laufen.

Als ihm aus dem Wagen geholfen wurde, empfing ihn Giulio aufgeregt wie ein Kind: Dreitausend! Ausverkauft! Und Telegramme aus aller Welt. Paris fragt, ob die Übersetzung fertig ist.

Frag Boito. Ich weiß es nicht. Ihm schwindelte, Peppina hielt ihn fest. Boito kam die Treppe herunter, umarmte ihn, Peppina entließ ihn gleichsam in Boitos Obhut, der Signora Strepponi und den Maestro zur Loge geleitete, durch ein Spalier, aus dem ständig einer oder eine ausbrach, ihn zu begrüßen.

Die Straßen rund um die Scala füllten sich, die Oper ebenso. Es wimmelte von erregten, erwartungsvollen Bürgern. Die Königin Margherita hatte samt Hofdamen ihre Loge schon bezogen. Verdi und Peppina standen in dem Rummel wie zwei Bauernkinder, die es in diese Stadt verschlagen hatte. In Wellen wurden Rufe laut: Viva Verdi! Viva Verdi!

Peppina, die es nicht ausstehen konnte, wenn Verdi angehimmelt wurde, boxte ihn leise in die Seite: Du bist gemeint, Verdi.

Trotz der Polizei konnten Wagen nicht mehr vorfahren. Sie waren die Letzten gewesen, denen es gelungen war. Ein Offizier, ein in allen Farben geschmückter Gockel, kam auf sie zu, verbeugte sich und bat den Maestro in die Loge Ihrer Majestät. Boito nahm Peppina in seine Loge mit.

Die Scala hatte sich verändert. Licht füllte matt und cremig den Raum. Erst unlängst waren elektrische Lampen installiert worden. Lauter leuchtende Kugeln.

Er folgte nur mit Mühe dem Offizier die Treppe hinauf. Ihn fror. Obwohl ihm der Schweiß auf der Stirne stand. Er fragte sich, ob die Anspannung des letzten Monats und die momentane Aufregung mit Fieber enden würden.

Der Offizier hielt auf der Treppe an: Bin ich Ihnen zu schnell, Maestro? Er fragte es in der Gasse, die das Publikum ihnen auf der Treppe öffnete. Er wollte nicht, dass seine Schwäche bemerkt würde. Ich komme Ihnen schon nach, knurrte er.

Er absolvierte, was von ihm erwartet wurde: die Bewunderung seines Publikums. Er schüttelte Hände, verteilte höfliche Floskeln, und am Ende nahm er den Platz ein, der ihm in der Königsloge zugewiesen wurde. Als er für das Publikum sichtbar wurde, tönte ein Kammerton aus dreitausend Kehlen.

Der brach ab, als Franco Faccio ans Pult trat und ihm heftig applaudiert wurde. Verdi beugte sich gespannt nach vorn, war dem Auftakt schon voraus. Mit der notwendigen Heftigkeit schürte Faccio das Orchester zum Sturm – nur wenige Takte und der Vorhang hob sich.

Was er sah, gefiel ihm, entsprach seinen Vorstellungen, doch was er hörte, verdross ihn. Maurel sang und spielte auftrumpfend, wie es ihm gemäß war; Tamagno hatte das Lampenfieber einen Pelz im Gaumen hinterlassen und Signora Pantaleoni spielte die Desdemona zwar mit einer anrührenden Leidenschaft, doch sie sang, auch mit Kopfstimme, häufig daneben.

Während er sich auf die Szenen konzentrierte, wiederholte er in Gedanken die Arbeit der vergangenen drei Jahre und spürte die Überraschung, das Staunen der lauschenden Menge. Der Applaus nach den beiden ersten Akten schäumte, brodelte und war kaum zu beruhigen.

Um ihn herum gab es unterdrückte Unruhen, als provoziere seine Musik, mitzureden, sich nach ihr zu bewegen. Als Boito vor dem Finale in die Loge kam, ihn hinausbat, damit er rechtzeitig zum Schlussapplaus auf der Bühne erscheine, sagte er, wie um das Bündnis zu festigen: Wir beide.

Im Bühnengang konnte er Otello hören: »Ecco la fine del mio cammin/O! Gloria, Otello fu.«

Mit geschlossenen Augen blieb er neben Boito stehen. Er schreit und singt nicht. Was habe ich auf Tamagno eingeredet. Umsonst.

Immerhin dirigiert Faccio ausgezeichnet, versuchte Boito, ihn zu beschwichtigen.

Applaus übertönte die Schlusstakte. Der Inspizient kam ihnen entgegen. Das Publikum warte auf den Maestro. Er tauchte in das milchige Bühnenlicht, fasste nach Boitos Arm. Signora Pantaleoni stand in der Bühnengasse und winkte ihnen. Gehen Sie mit ihr, mit Desdemona, sagte Boito mit einem Anflug von Spott.

Als er auf die Bühne trat – und er wusste nicht, ob in Begleitung von Desdemona oder nicht –, schrie das Publikum auf, ein einziger Schrei. Er verbeugte sich, legte die Hand aufs Herz. Der Vorhang fiel, Franco Faccio umarmte ihn, wiederholte einen Satz wie ein Kind, das ihn mit Mühe auswendig gelernt hat: Es ist die Unsterblichkeit, Maestro, es ist die Unsterblichkeit.

Der Vorhang ging wieder hoch, wieder schrie das Publikum auf, er verbeugte sich in einer Reihe mit den Sängern, mit Boito, mit Faccio. Zwanzig Mal wiederholte sich die Prozedur, bis nach dem zwanzigsten Vorhang das Publikum aufsprang, winkte, Hüte und Fächer schwenkte und er noch nicht wusste, wessen Hand feucht in der seinen lag, die von Maurel, von Tamagno. Er fürchtete, der Atem könnte ihm ausgehen. Dann trennte der Vorhang sie vom Publikum, dessen Unruhe, mitgeteilt in einzelnen Rufen und Schreien, im Raum blieb.

Er sah Peppina, sie wartete, zusammen mit Teresa Stolz, im Bühneneingang. Der Inspizient geleitete sie zum Künstlereingang, wo die Droschke warten sollte, scheuchte Neugierige zur Seite.

Die Pferde waren nicht angespannt, der Kutscher fehlte.

Ratlos schaute sich Verdi um. Wir werden gehen müssen, hörte er Peppina. Steigen Sie ein, rief eine Männerstimme, steigen Sie ein, Maestro, Signora,

Signor Boito, wir bringen Sie zum Hotel! Die Leute schoben und zogen, lachten, riefen ihm und sich zu: Viva Verdi!

So kamen sie an. Am Eingang wurden sie erwartet vom Hotelier, Signor Spatz, und Giulio mit seiner Frau. Boito half ihm aus dem Wagen. Er hatte den Eindruck, dass die Zeit stehen bleibe, ihn wie in einen Block einschließe, und dennoch rasten seine Gedanken.

Er bat, vor dem Essen sich etwas zurückziehen zu dürfen, der Jubel habe ihn angegriffen und gerührt, er müsse sich sammeln. Peppina begleitete ihn. Kaum hatte der Majordomus die Zimmertür hinter ihnen geschlossen, fiel sie ihm um den Hals: Es ist ein großes Glück, Verdi. Drei deiner Jahre, unserer Jahre. Viele im Publikum haben geweint. Das hast du angerichtet mit deiner Musik. Dieser ganz neuen Musik.

So neu ist sie nicht, Peppina. Aber sie macht mich neu. Das hab ich angerichtet.

Er lief ihr weg, ins Bad, kühlte sein Gesicht, trocknete mit einem Tuch den Bart.

Nicht sonderlich erfrischt traten sie vor die Tischgesellschaft. Alle waren aufgestanden und applaudierten. Signor Spatz, der Hotelier, ließ es aber nicht zu, dass sie Platz nahmen, stürzte in den Salon: Sie rufen nach Ihnen, Maestro, die Menge ist ganz außer sich. Sie sollten auf den Balkon kommen und sich zeigen.

Verdi schüttelte den Kopf: Bin ich ein König?

Im Moment schon. Boito sprach ihm zu. Verdi

fasste nach seiner Hand, ein altes Kind, das den Beschützer sucht. Boito schossen die Tränen in die Augen. Er streichelte die alte Hand.

Gehen Sie, Maestro. Jetzt sind Sie der König.

Er trat hinaus. Viva Verdi!, riefen sie, Viva Verdi! Er hielt sich mit der einen Hand an der Brüstung fest und winkte, wartete, hörte die Rufe, winkte ab. Bis in den Morgen hinein riefen sie nach ihm: Viva Verdi!

Er hätte meinen können, er träume. Otello, Desdemona, Jago kamen, setzten sich an den Tisch, redeten überglücklich, nur hörte er sie nicht reden, sondern singen.

Franco Faccio sprang auf, versuchte sich in einer kurzen Rede. Er habe die Ehre gehabt, in diesen vergangenen wunderbaren Stunden das Herzstück der italienischen Oper aus der Taufe zu heben.

Wir ebenso, fiel ihm Maurel ins Wort. Sie haben uns alle reich beschenkt, Maestro. Danke!

Er blieb sitzen und redete mehr oder weniger vor sich hin. Herzstück?, sagten Sie, Faccio. Es beglückt mich, dies von Ihnen zu hören, denn Sie sind ein Musiker, den ich schätze. Die Kritik hat sich noch nicht gemeldet, doch beim Hinausgehen hörte ich, wie ein durchaus bekannter Schmierfink zu einem andern sagte: Das habe ich dem gar nicht zugetraut. Und mir sind in diesem Augenblick alle die Verrisse und Schmähungen eingefallen, die mich über die Jahre begleitet haben. Sei's denn, nicht Viva Verdi, Viva Boito. Er lächelte, stieß mit seinem Librettisten an, und Giulio Ricordi, der eine Liste von Anfragen in bester Laune für sich repetierte, beschloss die heiklen Ausführungen Verdis mit einem beherzten Bravo!.

VIII.

Parlante

Der Junge erschien unangemeldet, geriet an der Haustür mit Peppina aneinander: Wie er darauf komme, den Maestro zu solch unpassender Zeit belästigen zu wollen?

Der junge Mann blieb hartnäckig: Aber ich will den Maestro nicht belästigen.

Peppina hielt stand. Das sagst du und hast überhaupt keine Ahnung, wie der Maestro belästigt wird, von Ratsuchenden, die sich als Bewunderer ausgeben.

Der Junge wagte einen winzigen Schritt auf Peppina zu, eine Bewegung, die seinen Ernst und seine Ausdauer wiedergab. Ich bin nicht so einer, erklärte er mit einer tiefer werdenden Stimme, ich bin Musiker, ich komme aus Turin, ich habe im Orchester der Scala beim »Otello« das Cello gespielt.

Peppina gab nicht auf, fing aber an zu wanken: Na

ja, *das* Cello nicht, du bist einer der Cellisten gewesen. Aber ich erinnere mich nicht an dich.

Der Junge grinste verlegen und zog die Schultern hoch: Ich bin auch nicht so wichtig. Ich spiele in Turin nicht mehr nur das Cello. Ich darf jetzt hin und wieder dirigieren.

Worauf Peppina ihn noch einmal – verblüfft – musterte, als sei er durch diesen einen Satz ein anderer geworden: Du, du dirigierst in Turin? Das ist uns neu.

Am Abend nach dem Besuch erklärte sie Verdi, der ihr ohnehin vorwarf, den jungen Mann eingeschüchtert zu haben, dass dieser noch nicht ganz erwachsene Arturo ihr Herz erweicht habe, nicht weil er wie viele Bewunderer schlicht und einfach aufdringlich gewesen sei, sondern weil sie ihn am Ende ihres Türstehersermons als Musiker erkannt und erspürt habe, seine Glut und sein Selbstbewusstsein.

Peppina versuchte, Verdi vor allen Störungen und Aufregungen zu schützen. Besonders erzürnte ihn, dass Ricordi »und andere« seine Vergangenheit in Jubiläen ins Bewusstsein einer anderen Generation rufen wollten – »als wäre ich schon tot und halb vergessen«. Zum fünfzigsten Jahrestag der Scala-Premiere seiner ersten Oper »Oberto« planten sie nicht nur eine Wiederaufführung, sondern einen Abend mit den bekanntesten und beliebtesten Stücken des Meisters, was den vor Entsetzen schüttelte: ein Potpourri für Schwerhörige, eine Beleidigung für den Urheber und eine Belästigung für die Künstler. Peppina bewunderte ihn in seiner Wut und fürchtete zugleich, sie könnte seiner Gesundheit schaden.

Sie hatte Toscanini eingelassen. Er hielt sich nicht lange auf, doch er blieb Verdi im Gedächtnis. Eben weil er ihn vorher, den blutjungen Cellisten im Scala-Orchester, ganz und gar vergessen hatte und es ihm nun peinlich war. Sie saßen sich gegenüber, der Junge seine auffallend großen Hände auf den Knien und der Alte demonstrativ interessiert nach vorn gebeugt.

Ob er auch in Turin im Orchester tätig sei?

Schon eine Weile. Und das Cello spiele er von Kind auf. Aber er habe sich vorgenommen zu dirigieren, weil das Orchester es wünsche.

Da müsse ja etwas dran sein, reagierte Verdi erstaunt. Dann kann ich erwarten, dass Sie auch eine meiner Opern dirigieren werden, in Turin oder anderswo.

Was danach geschah und auf welche Weise der junge, aufgeregte Lockenkopf aus Turin sich verabschiedete, erzählte Peppina Giulio vergnügt und ungefragt, während Verdi gepeinigt schwieg: Stellen Sie sich vor, Toscanini kam auf seine Mama zu sprechen, die Verdi »schon immer« bewundere, und bat ihn, ihm lange die Hand zu schütteln, denn er werde, wieder zu Hause, seine Mama auffordern, diese Hand zu küssen, die in der des Maestros lag.

Schon ein bisschen verrückt, schloss sie ihre Erinnerungen an den ersten Besuch Toscaninis.

Verdi hatte die Verwandlung des Turiner Orchestermusikers in einen weltberühmten Dirigenten erlebt, er hatte den Jungen gefördert und gemocht. Der wiederum vergaß die Zuneigung des verehrten Maestros nie, die ihn leitete und ihm die rebellische Widerstandskraft gegen den Faschismus verlieh. Er blieb, als er Italien verließ, in der Musik zu Haus, nicht zuletzt in der Musik Giuseppe Verdis.

Der »Otello« war ein Winterstück. Im November aufgeführt. Er hatte vor, die kommenden, noch übrigen Jahreszeiten ohne Opernaufregungen zu verbringen. Er war zunehmend schlecht zu Fuß, und er ging nicht mehr durch den Park zu den Pferden. Er rief nach der Kutsche und fuhr hin zur Mühle, zur Käserei, die alten Spazierwege. Die Hunde hechelten hinterher und Peppina winkte ihm meistens nach, als verlasse er sie zu einer langen Reise. Er erzählte auch, scheinbar sehr angeregt, von Begegnungen und Gesprächen unterwegs, dass die Wirtschaftsbetriebe, wie er sie nannte, erfolgreich arbeiteten, der Müller ein hingebungsvoller Stotterer sei, den er, wenn sich die Gelegenheit ergäbe, zum Singen verführen wolle.

Sie hörte ihm zu, kommentierte knapp, legte ihre Hände auf seine und mit einem Mal merkten beide, dass es alte Hände waren.

Ist Ihnen aufgefallen, fragte er Boito bei einem seiner Besuche, dass Peppina immer weniger wird? Boito widersprach ihm. Das stehe ihr gut und sie bewege sich grazil wie eine junge Frau. Dass Peppina an Glieder- und Magenschmerzen litt, verschwieg ihm beide. Was uns fehlt, geben wir nicht preis, es gehört uns. Darauf bestand sie.

Er hatte, wieder einmal, die Absicht, sich zurückzulehnen, sich auszuruhen und nicht beanspruchen zu lassen von den Theatern, vom Verlag, von Wichtigtuern. Dabei hinterging er sich selbst, indem er durchaus geschäftig mit einem Notar und der Stadt Mailand weiterverhandelte über das Grundstück für das Altersheim und für die Einrichtung einer Stiftung dafür, Peppina in die Pläne und Verabredungen einspannte, am Ende auch noch zum Stifter und Retter avancierte, als Giulio Ricordi ihn um ein Darlehen von einhunderttausend Lire bat, die ihm helfen könnten, Vorleistungen für den Druck der »Otello«-Partitur und anderer Werke aufzubringen.

Sie saßen in dem hellen Verlagsbüro einander gegenüber an einem Besuchertisch, tranken Kaffee und Giulio erklärte seine Not, was Verdi rührte – dieses Treffen zwischen ihm und seinem jungen Verleger, Titos Sohn, und die Möglichkeit, ihm aus der Klemme zu helfen.

Peppina hatte sich mit der Entschuldigung, nicht stören zu wollen, verabschiedet, sie müssten sich nicht davor fürchten, dass sie dreinrede.

Noch einmal kam, des Geldes wegen, Giulio auf das fünfzigjährige »Oberto«-Jubiläum zu sprechen, die Scala erkläre sich, wie Verdi wisse, dazu bereit, aber bestehe an einem zweiten Abend auf einer attraktiven Reihung von bekannten Arien.

Ich weiß, ich weiß. Verdi sprang auf, atmete heftig, schwankte, sodass Ricordi fürchtete, er könne aus dem Gleichgewicht geraten. Ich weiß, Giulio. Aber diese Feier ist noch unwichtiger als meine Geburtstage. Die beiden ersten Akte des »Oberto« würden das Publikum langweilen und mich möglicherweise beschämen. Es wäre für die Scala ein kostspieliger und für mich ein bedrückender Unfug. Basta. Er ließ sich auf den Stuhl fallen und begann lautlos zu lachen, in sich hinein, bis ihm die Tränen kamen. Nehmen Sie mir diesen Heiterkeitsausbruch nicht übel, Giulio. Ich sah mir altem Kerl zu, wie ich mich kindisch aufregte wegen nichts und wieder nichts, und ich hörte Shakespeare mir zurufen: Himmel, zwei Monate schon tot und noch nicht vergessen! Das wäre eine Aufschrift für das Triumphtor der Jubiläen.

Ricordi folgte der Rede des Maestros etwas ratlos. Der versprach, ohne Punkt und Komma nach dem Shakespeare-Zitat, das Darlehen zu geben: Signora Aida und Signor Otello werden uns beiden die Lire schon zurückbringen. Was – er stockte, genoss Giulios ungefragte Fragen in der Kunstpause – genau genommen ein irrer Umweg ist, mein Lieber.

Peppina, der er von Ricordis Malaise berichtete, bestärkte ihn in seiner Hilfsbereitschaft, würzte sie aber mit der Feststellung: Da bekommt das hohe Ross, auf dem der junge Herr mit Vorliebe sitzt, auf einmal kurze Beine.

Auf dem Weg nach Sant'Agata stritten sie, ob es für sie günstig sei, jetzt schon, im Herbst nach Genua aufzubrechen, Peppina wollte sich noch einmal untersuchen lassen, wegen ihrer manchmal lästigen Magenschmerzen. Bauchweh sagte sie, wie ein Kind. Er habe ja nicht vor zu komponieren, und eine Partitur habe sie noch nicht auf seinem Tisch gesehen. Das wäre auch die Höhe, meinte sie, nach allen diesen »Otello«-Aufregungen.

Noch vor der Haustür, nachdem sie aus der Kutsche gestiegen waren, kam er auf den leeren Schreibtisch zu sprechen und sein ewiges Beethovengetöse am Klavier, wie sie es ausdrückte: Nein, Peppina, mit einer neuen Oper habe ich nichts im Sinn, aber ich bin dabei, eine Kompositionsaufgabe zu lösen, die ich in einer alten Nummer der »Gazzetta musicale« fand.

Sie ließ die Luft zwischen den Lippen platzen und fragte spöttisch: Hast du auch vor, sie einzusenden, die erforderte Komposition?

Er blieb ernst: Du könntest sie singen.

Ich? Sie stellte sich ihm in den Weg, legte ihre Hände auf seine Brust: Ich?

Ja, du. Es ist ein Ave Maria.

Bist du mir heimlich fromm geworden, Verdi? Sie standen einander gegenüber wie auf einer Bühne und merkten nicht, dass sie in ein Spiel versunken waren, Stimme und Gegenstimme wechselnd.

Es ist ganz schön schwierig. Hör her, Peppina. Es wird eine enigmatische Tonfolge vorgegeben.

Was heißt das: Enigmatisch?

Er blähte sich zu ihrem Vergnügen etwas auf und pustete die Erklärung heraus: Rä-tsel-haft.

Und was ist rätselhaft an der Tonfolge?

Vieles. Du könntest immerhin jeden Ton singen: c–des–e–fis–gis–a–b. Das Rätsel, das mich herausfordert, besteht darin, dass hier drei Halbtonschritte gruppiert sind und durch den ersten eine übermäßige Sekunde entsteht.

Sie schüttelte heftig den Kopf. Welch ein Unsinn oder Übersinn, Verdi.

Schon deshalb lohnt es sich, ein Ave Maria zu komponieren. Für einen Chor. A capella.

Wie klug du bist.

Eher kindisch. Der Versuch ist es wert.

Sie nahm die Gelegenheit wahr, noch einmal für sich zu bitten: Lass uns nach Genua aufbrechen, bitte. Sie sagte nicht, dass sie dort von den Ärzten Rat und Linderung der Schmerzen erhoffte.

Aber es zog ihn nicht nach Genua, sondern nach Villanova, in das Krankenhaus, wo er nach dem Rechten sehen wolle, denn, er habe gehört, die Patienten bekämen zu wenig zu essen und auch zu wenig Wein, für die Milch, die keine Vollmilch sei, müssten sie unverhältnismäßig viel zahlen, das gewöhnlichste Öl werde verwendet, der Reis sei verdorben und die Nudeln seien schwarz, außerdem – und das sei das Stärkste! – müssten die Kosten für die Beerdigung bezahlt werden, obwohl die meisten Patienten bitter arm seien.

Allen erdenklichen Plagegeistern auf den Fersen, gab er schließlich Peppina nach, sie brachen auf nach Genua, da sie aber den Zug nicht erreichten, übernachteten sie in Mailand. Boito, den Giulio über diesen kurzen Aufenthalt unterrichtete, der eigentlich

Verdi in Genua besuchen wollte, nahm die Gelegenheit wahr, überraschte die Verdis, sie trafen sich in der Lobby. Boito entschuldigte sich für den Überfall, er sei in Eile, werde sie nicht allzu lang belästigen. Er spielte den feinen, angestrengten Herren, so wie Peppina ihn schätzte und, wenn es ihm darauf ankam, parodieren konnte: Wir müssen morgen nicht allzu früh auf den Bahnhof, beruhigte sie Boito, der sich überreden ließ, mit ihnen zu Abend zu essen. Doch davor überreichte er Verdi einige zusammengeheftete Blätter über den Tisch, kein Libretto, kommentierte er vorsorglich, nur ein Entwurf, Maestro, den ich Sie zu lesen und zu beurteilen bitte. Verdi legte erst einmal die Hand auf das Konvolut und sah Boito prüfend an. Sie wissen, dass ich nach dem »Otello«...

Ich weiß.

Lass dich nicht auf neue Arbeit ein, stichelte Peppina und handelte sich einen strengen Blick Boitos ein, den sie mit einer indiskreten Frage noch irritierte: Wie geht es eigentlich Eleonora, Eleonora Duse? Wie kommen Sie mit ihr aus?

Boito antwortete, zu Verdis Überraschung, sehr gelassen: Ich sehe sie nicht oft, Signora Peppina. Sie ist viel unterwegs, und ich kann nicht immer mit ihr reisen.

Ehe sie sich im Restaurant trafen, gingen die Verdis in ihr Appartement, Verdi, die Blätter zusammengerollt in der Hand, und spickte, obwohl ihm Peppina das ausreden wollte, in den Boito'schen Entwurf.

Was ihn anregte.

Was ihm nachging.

Und was zum Thema des abendlichen Gesprächs mit Boito wurde.

Verdi schob Teller und Besteck zur Seite, fasste nach dem Glas und begann ganz unvermittelt: Falstaff! Dass es gleich mit dem Ruf nach der Hauptperson beginnt, mit einem Aufruf. Da hat ja die Erzählung schon begonnen. Mit einem Schlag. Das sind nicht Shakespeares »Die lustigen Weiber von Windsor«, nein, das ist Boitos Falstaff.

Peppina folgte dem Monolog angespannt und misstrauisch: Soll das eine Oper werden? Falstaff? Du bist müde, etwas wackelig, Verdi, und ich mache mir manchmal Sorgen um dich.

Wir beide, Peppina, das stimmt, taugen keineswegs mehr für die Oper.

Oh doch! Boito hob sein Glas.

Sie reisten weiter nach Montecatini. Die Ärzte rieten beiden, sich zu schonen, vor allem Peppina bekam Warnungen zu hören, die Verdi Angst machten, nicht ihr.

Sir John trieb ihn um. Er verglich Shakespeare und Boitos Fassung, sang manchmal nach, was ihm einfiel, und probierte es auch gleich auf dem verstimmten Klavier im Salon aus. Er verzettelte sich falstaffisch mit Peppina, redete mit sich selber und setzte die Selbstgespräche in einem Brief an Boito fort: »Habt Ihr beim Entwurf des Falstaff an die enorme Zahl meiner Jahre gedacht? Ich weiß wohl, Ihr werdet mir antworten, indem Ihr meinen guten, hervorragenden, robusten Gesundheitszustand übertreibt. Und so mag er auch sein. Trotzdem werdet Ihr zugeben, dass ich großer Kühnheit beschuldigt werden könnte, wollte ich so eine große Aufgabe unternehmen! – Und wenn ich der Schwäche nicht Herr würde?! Wenn ich mit der Musik nicht zu einem Ende käme?«

Die Tage in Montecatini verliefen wie gewohnt und der ritualisierte Ablauf tat Verdi und Peppina wohl: Morgens nach dem Kaffee ein kurzer Spaziergang durch den Park und die Musterung der neu hinzugekommenen Gäste, Begrüßung von Bekannten, die Einladung der Ricordis ins Bad, Lunch auf der Terrasse und ein sattes Zurücklehnen bis in den Nachmittag, danach das »Für-sich-Sein«, auf dem er bestand, Peppina verschwand mit Damen, und er horchte in den Text Boitos hinein. Der Ruf des Anfangs setzte sich fort. Die anfängliche Konstellation irritierte ihn, dieses Spiel mit den Briefen. Du bist, redete er Falstaff an, du bist ein armer Hund und nicht die Spielfigur einer Opera Buffa, die mir überhaupt nicht liegt, eher verzweifle ich an deinem Elend, diesen unsinnigen Späßen, nein, Mitleid ist es nicht, kann ich dir versichern, Sir John. Er redete laut mit sich und seinem Helden, horchte in sich hinein, hörte die Musik, die ihm erzählte, worum es ihm ging.

Manchmal nach dem Dinner erkundigte sich Giulio auf einem Gang durch die Lobby, ob er tatsächlich am »Falstaff« arbeite, und betonte »tatsächlich« als Frage. Verdi spielte mit der Neugier seines Verlegers und gab rätselhafte Antworten: Was weiß ich, ob, Giulio. Vielleicht ab morgen. Schon. Ein wenig.

Was auch immer er antwortete, mit einem Lächeln danach, er hatte den ersten Akt schon fertig und freute sich, ihn Boito in Mailand vorführen zu können.

Peppina hatte gebeten, über Genua heimzureisen, sie müsse einsammeln, was sie im Palazzo vergessen habe, und auch den Magenspezialisten konsultieren.

Ist es schlimmer geworden? Fühlst du dich nicht gut?

Sie packte den kleinen Koffer, schob ihn auf dem Stuhl hin und her, offenkundig unzufrieden: Es geht, Verdi, du hörst mich nicht klagen. Aber dem Dottore vertraue ich.

Und mir? Da fängt er schon wieder an zu spielen, versucht die raschen Wortwechsel aus dem »Falstaff«: Und mir?

Du bist mein Fels, antwortete sie, ließ den Koffer liegen und ihn stehen.

Als sie gegenüber dem Palazzo in Genua aus der Kutsche stiegen, der Concierge schon in der geöffneten Tür stand, kam, wie gerufen, eine Horde von Straßenjungen auf sie zu, kreiste sie ein, hielt sie auf, einer nach dem andern streckte die offene Hand aus: Eine Münze, Signor Maestro! Eine Münze, Signor Maestro! Peppina versuchte, die Kinder mit einer heftigen Geste wegzuscheuchen. Eine Münze, Signor Maestro!

Verdi hob den Arm, als wolle er ein Orchester zum

Schweigen bringen, und die Jungen hörten auf zu kreiseln, zu betteln.

Woher wisst ihr, wie ich heiße?

Und bekommt gleich zur Antwort: Signor Maestro!

Er drückte einem, der zufällig vor ihm gehalten hatte, einen kleinen Turm Münzen in die Hand und löste damit die Versammlung auf.

Addio, Signor Maestro.

Kutscher und Hausmeister hatten dem Treiben verblüfft zugesehen. Wer hat den Kindern diesen Unsinn aufgetragen? Signor Maestro!

Verdi half dem Kutscher, einen Koffer aus dem Wagenkasten zu heben, bekam aber nur Antwort von Peppina: Sie haben dir nicht gesagt, wer sie ausgeschickt hat, Verdi. Wahrscheinlich war es einer, den die Armut zu ihrem Maestro gemacht hat.

Sie hatten ihn gestellt, so fühlte er sich.

Faccios Tod, das lange, qualvolle Sterben an der Paralyse, traf ihn. Boito hatte ihm in Briefen den Zustand beschrieben. Nun musste er Boito trösten, denn er hatte einen Freund, einen Lebensbegleiter verloren. Gemeinsam hatten sie sich Garibaldi angeschlossen.

Verdi hatte Faccio als Dirigent vertraut, als Komponisten schätzte er ihn weniger. Er dirigierte die europäische Uraufführung der »Aida«, den »Otello« vierzehnmal in Mailand und danach in anderen italienischen Städten. Die Berliner hatte er bei einem längeren Aufenthalt mit dem »Troubadour«, dem

»Maskenball« und dem »Rigoletto« bekannt gemacht. Dass er sich von da an mit Wagner beschäftigte, führte zu einer Verstimmung bei Verdi.

Er ist so jung, so glühend geblieben, rief ihm Peppina nach.

Er ist alt geworden. Die schreckliche Krankheit hat ihn aufgefressen, setzte Verdi, seine Trauer mit altem Zorn mischend, fort.

Peppina bestand darauf, in Genua zu bleiben, sie fühle sich sicherer, wenn sie sich wegen jeder Bagatelle an ihren Leibarzt wenden könne. Er traute ihr nicht, erkundigte sich mehrmals nach ihrem Befinden, ließ sich beruhigen und fuhr nach Mailand. Nach einigen Tagen kam sie ihm nach, schickte sich eine Depesche voraus, eine Vorwarnung: Erschrick nicht, Verdi, wenn ich dir erscheine.

Er erschrak nicht und sie kam zur rechten Zeit zu einem Konzert, das nicht von Verdi veranstaltet wurde, auch nicht von seinem Satrapen Ricordi, sondern für ihn. Anton Rubinstein hatte sich bei ihm gemeldet, seine Verehrung bekundet, ihm noch begegnen zu dürfen, womit er Verdi zu einer knappen und amüsierten Arie über dieses »noch« stimulierte: Noch, Verehrter, begann Verdi sehr leise, noch bin ich da, um über ein »noch« nachzudenken, das mir ein Ende vorschreibt, und die Vorstellung, dass ich einen Schatten werfen werde, noch aber kann ich Sie einladen, hier an dem Flügel Platz zu nehmen und mir eine Probe Ihrer Kunst zu schenken.

Eine Einladung, die Peppina mit einem beinahe gesungenen Ja, bitte unterstrich, Rubinstein aber nicht unverzüglich erfüllte und darauf bestand, Alfredo Piatti, den großen Cellisten zu rufen, was er auch, für einen Moment das Zimmer verlassend, tat, und mit dem offenkundig vorbereiteten, sein Cello umarmenden Piatti zurückkehrte.

Peppina hatte inzwischen Boito und Giulio, mit denen sie verabredet waren, aus der Lobby geholt, und so fand das Konzert vor einem vierköpfigen Publikum statt, nachdem Boito fein näselnd ein Vorwort gesprochen hatte: Die Musikfreunde ganz Europas dürften uns beneiden.

Was sie spielten, kannte er, hatte er voller Bewunderung studiert. Die beiden Sonaten opus 102. Er hörte in der ersten, entzückt, wie Cello und Klavier auf der Suche nach Tonarten hüpften und taumelten, sodass die Künstler beide auf sich angewiesen schienen: Jetzt bin ich dran, jetzt habe ich mich gefunden. Und das Allegro fugato der zweiten Sonate, das sich in sein Gedächtnis schlich, vorgespielt von den beiden illustren Gästen, das sich insgeheim in den »Falstaff« hineindrängte. Bravo! Sie riefen es vierfach gestaffelt, vom Glück des Zuhörens fugiert.

Nach dem Konzert, im Hin und Her der Gespräche, Verabredungen und Abschiede, nutzte Boito die Gelegenheit, Verdi auf anfallenden Ärger, wie er es ausdrückte, vorzubereiten. Sein Bruder halte sich zurzeit in Mailand auf, an der Baustelle der Casa di Riposo, und sei mit dem Bauleiter in Streit geraten, der Kosten wegen. Der Mann, ein ziemlich grober und rechthaberischer Kerl, werde sich morgen Vormittag bei ihm melden. Nun wisse er's und könne sich wappnen.

Der Mann trat auf, als müsse er nicht nur eine Baustelle, sondern eine ganze Stadt verteidigen. Immerhin verlor er seine die Brust wölbende Sicherheit, weil Peppina während des Gesprächs der beiden ständig geniert kicherte.

Signor Boito hat mich bereits auf den Grund Ihres Besuches vorbereitet.

Sie blieben stehen und es war zu merken, dass sie nach passenden Sitzgelegenheiten suchten, um der Förmlichkeit zu entgehen. Dann setzten sie sich, der Zufall wollte es so, auf Stühle, die nebeneinander und recht weit voneinander weg standen.

Sagen Sie mir nur, welchen Boito Sie meinen? Signor Arrigo Boito. Das sind Brüder, feinsinnig und fern von jeder Wirklichkeit.

Wieder klingelte Peppinas Gelächter.

Der Mann holte Atem, um den verachteten Namen gleichsam auszuspucken: Ich meine diesen Camillo Boito, der behauptet, Architekt zu sein, aber, so scheint es, seinen Beruf gerade Ihretwegen lernt. Oder täusche ich mich da?

Verdi maß den Mann mit Blicken, aber dessen Unverschämtheit stimmte ihn geradezu heiter. Was bringt Sie so gegen Signor Boito auf?

Der Mann machte eine Miene, als erkundigte sich Verdi nach einer Selbstverständlichkeit: Was mich aufregt? Seine Großspurigkeit! Dass er nicht rechnen kann. Ihre Casa di Riposo wird Sie teuer zu stehen kommen. Der Kerl kann nämlich weder bauen noch rechnen.

Peppina vergnügte sich sehr, denn sie hatte ebenso ihre Schwierigkeiten mit dem Boito-Bruder.

Der Stein, wollte er fortsetzen, den Signor Boito für den Boden in der Halle verwenden möchte, kostet, sage ich Ihnen, ein Vermögen.

Verdi stand auf. Der Mann ebenso.

Ich werde mit Herrn Boito sprechen, sagte Verdi, und in den nächsten Tagen die Baustelle besuchen.

Der Mann nickte und deutete eine Verbeugung an. Als er aus dem Zimmer war, brach Peppina in ein unbändiges Gelächter aus und wiederholte in Bruchstücken, was sie gehört hatte: Der Stein, sage ich Ihnen, kostet eine Menge ... Der gerade Ihretwegen seinen Beruf lernt ...

Verdi blieb ernst: Du hattest deinen Spaß, Peppina. Der Mann hat womöglich recht. Und wir können die Stiftung nicht übermäßig strapazieren.

Die Stiftung – eine Zeit lang beschäftigte sie ihn, beunruhigte ihn. Es war das erste Mal, dass er neben allen Tätigkeiten und Ausgaben für Busseto, das Krankenhaus, über eine Grenze hinausplante, in eine Zukunft, die er nicht dem Zufall überlassen wollte, an die Insassen der Casa di Riposo denkend. Es gab Verträge, Schriftstücke, Erwartungen und Vorschriften, und jetzt nagte eine krude Wirklichkeit an den Grundmauern der Casa. Das nicht! Noch am Nachmittag eilte er zur Baustelle, bat Peppina, ihn zu begleiten, und bat sie unterwegs, doch bitte nicht durch ihr schönes Sängerinnenlachen Architekt und Bauleiter zu verwirren. Bitte nicht! Oder doch! Du könntest der Alice deine Laune schenken, stimmt's? »Der Weinschlauch, die Tonne, der König der Bäuche!« Sie sang nach und vor. Ja, redete er ihr hinein, ich bin es nicht, er ist es, wie ich ihn will. Boito schrieb er: »Der Schmerbauch ist auf dem Wege, der zur Verrücktheit führt.« Er hört eine Verrücktheit, die ihm nicht komisch erscheint, im Gegenteil, da zerreißt sich einer, um geliebt auf der Welt zu sein, und spielt seine Verzweiflung als komische Botschaft aus.

Die Baustelle machte ihm wenig Hoffnung. Sie war grau, weit und Mauern gab es nur als Andeutung. Er nahm Boito, den andern Boito, am Arm, ging mit ihm einige Schritte über die umbaute Wüstenei. Der Bauleiter, begann er, der Polier, korrigierte Boito, also der Polier fürchtet, dass die Kosten unmäßig steigen. In der Stiftung steckt auch das Geld Ihres Bruders, Boito, ich bitte, übertreiben Sie nicht. Das Haus soll ja eine schöne Unterkunft werden, darauf bestehe ich auch. Boito schwieg und der Polier stand da, als habe er ihr Gespräch mitbekommen. Ohne Erklärung wollte Verdi die beiden nicht verlassen. Sobald ich Laie sehen kann, was aus den Anfängen geworden ist, komme ich wieder, Signori.

Er hakte sich bei Peppina unter und rang nach Luft: Warum hält mich, was immer ich anfange, die Ignoranz auf?

Dein Vertrauen ist zu groß, Verdi.

Sie schleppte ihn im Hotel mit Mühe die Treppe hoch, oft nötigte er sie zu pausieren. Giulio wartet im Salon auf uns und wenn du einen Arzt brauchst, kann er ihn rufen.

Ja, den Hotelarzt, der behandelt Zimmernummern und nicht Patienten.

Giulio kam ihnen entgegen, begrüßte sie, erkundigte sich, wie es mit den Bauarbeiten stehe. Peppina antwortete an Verdis Stelle, der mit sich beschäftigt schien, weit weg.

Drei Tage danach fuhren sie nach Sant'Agata. Peppina und Teresina sorgten dafür, dass er sich bewegte, redete. Zu dritt spazierten sie auf den ihm vertrauten Wegen durch den Park. Er hatte den Faden wieder. Er wäre auch unglücklich gewesen, hätte er ihn, knapp vor dem Ende, verloren. Das Verwechselspiel der Verkleideten, das den dicken Ritter narren soll, redete sich von selbst: Die grobe Bestrafung – vergönnt mir eine Pause, ich bin müde. Alles läuft auf die Fuge zu, die ihn erwartet, die er mit Falstaff beginnt, er komponiert sie gegen den Text: »Alles um uns ist Narrheit / Wir sind selber nur Narren, geborene Narren.« Als Peppina die Noten zu Gesicht bekam, summte sie nach: Das ist zwar munter, Verdi, doch ein trauriges Narrenstück. Boito, der die Komposition für einzigartig hielt, drängte Verdi, die Oper in Rom aufzuführen. Aber der bestand auf der Scala, in der er, gegen die Warnungen Peppinas, zum hundertsten Geburtstag Rossinis das Gebet aus dessen Oper »Moses« dirigierte. Der Applaus, das herzliche

Drängen des Publikums stärkten ihn und widerlegten Peppinas Ängste.

Noch einmal fing er, wie er Giulio wissen ließ, mit dem »Falstaff« an und ging die Partitur in allen Einzelheiten durch, beschäftigte sich mit der Instrumentation und Peppina ertappte ihn beim Lesen der Bibel.

Bist du heimlich fromm geworden, Verdi?

Mit achtzig hätte ich gewissermaßen einen Anspruch darauf und eine Entschuldigung dazu.

Und was liest du?

Hiob, Peppina, das Buch Hiob.

Und wie kommst du darauf?

Ich gehe dem Falstaff unter die Haut und komme Shakespeare auf die Schliche.

Unmöglich – sie fand ihn unmöglich und ließ ihn mit sich und dem Buch Hiob allein.

Maurel, sein Jago, meldete sich, es werde so viel über die komische Oper geredet, den »Falstaff«. Verdi hatte ohnehin an ihn gedacht, verwies ihn an Ricordi und an die Scala-Direktion. Er brauchte Ruhe, wollte sich Zeit nehmen, ständig wurde auf ihn eingeredet, an ihm gezerrt. Giulio wollte die Partitur für den Druck. Mit Boito setzte er sich an die Korrektur.

So sieht die Sache besser aus, fand er. Zu dritt besprachen sie mit der Scala-Direktion den Termin der Uraufführung. Als Giulio eine öffentliche Subvention vorschlug, wies er ihn zurecht: Wir brauchen das nicht oder musst du deinen Verlag aufpolstern?

Peppina lud insgeheim zu einem Dinner in das Mailänder Hotel ein, überraschte ihn damit am Tag zuvor, verwirrte ihn, als sie wichtige Gründe vorschob: Wir haben viele der Freunde nicht gesehen. Maria wird kommen und deine Enkelin Peppinetta, frisch verehelicht, Teresina, Giulio und seine Frau, Eduardo Mascheroni, der unlängst gewählte Dirigent der Scala, Farfarello gerufen. Die große Tafel in dem kleinen Saal war festlich gedeckt. Verdi hatte sich geweigert, einen Frack anzuziehen: Nur noch im Theater, Peppina. Er bot ihr seinen Arm, sie drückte ihn mit einem Seufzer an sich: So alt wollten wir nicht werden, Verdi, sagte sie leise, halb singend. Auf dem Weg zu ihrem Sälchen schloss sich ihnen Teresina an. Die beiden Frauen nahmen ihn in ihre Mitte.

Er wurde umringt, begrüßt, berührt, gefragt, alle nahmen Platz, den Blicken Peppinas folgend, die die Sitzordnung im Kopf hatte, es wurde aufgetragen, Peppina hob ihr Glas, schaute lächelnd in die Runde: Ich trinke auf »Falstaff«, den Verdi gestern beendet hat.

In das Gemisch von Bravo und Salute warf Verdi trocken ein: Na ja, gestern und vorgestern, vielleicht auch übermorgen. Fertig bin ich noch lange nicht. Früher habe ich gute zehn Stunden arbeiten können, jetzt komme ich nicht über eine Stunde. Er trank einen Schluck, blickte in die Runde: Trotzdem ging es unerwartet schnell.

Mit Peppinas Tusch geriet er in eine Unruhe, die er vermeiden wollte und selbst heraufbeschworen hatte.

Boito erschien beinahe jeden Tag. Verdi war mit Peppina ins Hotel gezogen. Sie versuchte ihm einzureden, dass ihm Sant'Agata fehle. Das tat es ihm aber, zu seinem Erstaunen, nicht. Er steckte wieder im alten Leben und alle Schwächen und Ängste waren mit einem Mal verloren gegangen. Alles kam zusammen: die Übersetzung des »Otello«-Librettos ins Französische. Giulios Verhandlungen über die Aufführung in Paris. Telegramme und Verhandlungsangebote im Verlag, die den »Falstaff« betrafen.

Giulio geriet außer sich, mit dem Direktor der Scala, den Verdi nicht sonderlich schätzte – ein geschniegelter Aufschneider –, wurde das Datum der Premiere diskutiert und die Zeit für die Proben. Er bekomme einen Zeitplan. Boito und Giulio gaben sich Mühe, ihn in eine Aufbruchstimmung zu manövrieren. Er blieb gelassen und angespannt. Er wusste, dass ihm mit dem »Falstaff« ein Resümee seiner Arbeit gelungen war, er war sich seiner selbst und seiner Kunst sicher. Nein, er brauchte Aufmunterungen nicht. Der Grund seines Lebens war noch einmal aufgewühlt. Peppina spürte das. Sie ging vorsichtig mit ihm um.

Im Schwung gelang alles. Die Besetzung, die Verdi nach getaner Arbeit fürchtete, denn er kannte und hörte inzwischen die Stimmen, die laut werden sollten: Victor Maurel, »sein« Jago, hatte sich bereits mehrfach gemeldet, die Rolle, meinte er, könne ihm liegen. Für die Alice – die Oper heißt »Alice«, nicht »Falstaff«, hatte er Boito im Scherz und in vollem

Ernst gesagt – hatte sich Emma Zilli gefunden. Und schon fing das Gezerre an, das Feilschen, der Wettstreit um die Gage. Verdi wehrte sich. Wie viele Male hatte er dieses Gemisch aus Eitelkeit, Heuchelei, Gier und falsch verstandenem Ruhm aushalten müssen.

Ihr alle seid Irrwische und aus dem Häuschen, nur ich wohne in meinem eigenen Haus und kann es nicht gestatten, dass man mich aus ihm vertreibt. Er verlangte, dass keine ungewöhnlichen Honorare für die Künstler ausgehandelt werden, dass die Probestunden nicht ausgezahlt würden, dass auf keinen Fall, weil Sänger und Sängerinnen es so lancierten, anderswo ein »Falstaff« aufgeführt werde. Vor allem Maurel sei in seinen Ansprüchen, in seinem Größenwahn zu bremsen. Er helfe sich nicht, wenn er andere kränke.

Verdi selbst verhandelte, korrespondierte mit Operndirektoren, was Giulio verdross: Es wäre doch meine Angelegenheit, mit Rom Termin und Bedingungen auszuhandeln.

Sie haben mich gefragt, Giulio.

Was nicht in Ordnung war.

Wer weiß schon, wie in solch einem Fall die Ordnung aussieht.

Gespräche wie diese endeten, indem der eine von beiden schwieg. Peppina, die die Gelassenheit Verdis eher beunruhigte, erinnerte sich an seine wütenden Ausfälle, an seinen Jähzorn und fand für die Gemütsphasen Definitionen: Noch vor einem Jahrzehnt konnte ihn die »Aida«-Wut übermannen, danach der mäßigende »Otello« mit gelegentlichen Jago-Ausbrüchen und nun die »Falstaff«-Heiterkeit.

Die er bestritt.

Es ist nicht der »Falstaff«, Peppina, es sind die Stimmen aus dem Wirtshaus zum Hosenbande: ihr Übermut, ihre Sehnsucht, ihre Gemeinheit und ihre Versöhnungsbereitschaft. Es ist nicht die Stärke, es ist die Schwäche, die Trauer, ausgelöst durch eine Vollkommenheit, die ich erstrebte und nicht kannte, und auch die Einsicht, dass sich ein Ende gefunden hat.

Ein Ende?, fragte sie und ihre Stimme wurde klein.

Es ist eine Opera buffa, verstehst du?

Ich versteh dich mal wieder nicht, Verdi.

Boito, der mit Giulio die Premiere in der Scala vorbereitete und Verdis Irritationen bemerkte, schlug ihm vor, sich mit Peppina ins Palazzo in Genua zurückzuziehen, wie immer im Winter. Das graue Wetter schlage jedem aufs Gemüt.

Ehe er sich »übers Gemüt« auslassen konnte, nahm Peppina den Vorschlag auf. Sie habe ohnehin mit ihrem Arzt ausgemacht, sich noch in diesem Jahr zu zeigen.

Sie reisten. Das Wetter wurde zwar nicht freundlicher, doch kam ein warmer Wind, hielten sie sich auf der Terrasse auf. Zu Weihnachten trafen sie sich mit Boito und der Duse, die allerdings mit Leidenschaft schon sparte, zu einem noblen Essen, nach dem Boito darauf zu sprechen kam, dass Peppina zu wenig esse. Ob sie schon mit dem Arzt gesprochen habe?

Verdi war Boitos Fürsorge unangenehm, er wiegelte ab, sie esse meistens wie ein Vögelchen, obwohl er kein Vögelchen von solcher Fülle kenne, und vom Arztbesuch sei sie ohne schlimme Nachrichten heimgekommen.

Den Jahreswechsel feierten sie zu viert auf der Terrasse, redeten erwartungsvoll über den »Falstaff«, stießen auf die Zukunft an, Verdi stand neben den anderen an der Brüstung, sah den Fontänen des Feuerwerks nach und rief in den Lärm, als müsse er allen eine Neuigkeit verraten: Nächstes Jahr, nein, dieses Jahr, werde ich achtzig.

Die Duse verabschiedete sich ausdauernd und bühnenreif.

Mit Boito reisten sie Anfang Januar nach Mailand, bezogen die Suite im Grand Hotel, alarmierten Giulio, trafen einen sich aufplusternden Maurel in der Lobby, also konnten die Proben beginnen. Peppina wünschte, die Tage ganz dabei zu sein.

Kaum atmete er durch, schreckte ihn die Nachricht, dass die Universität Cambridge ihm den Ehrendoktor verleihen wolle. Sein Mailänder Arzt, den er deswegen konsultierte, riet ihm von dieser anstrengenden Reise ab. Er schlug der Universität vor, Boito, der dem »Falstaff« die Gestalt für die Musik gegeben habe, an seiner Stelle zu ehren.

Das Bühnenbild, unter der Anleitung von Boito gebaut, wurde vorgeführt, das Wirtshaus zum Hosenbande gefiel ihm in seiner Enge und Derbheit sehr, der Park von Windsor hingegen bedürfe, fand er, der Aufforstung.

Beim Ansingen mit dem Korrepetitor gefielen ihm die Zilli und die Adelina Stehle, von den Sängern Pelegalli Rosetti, der einen ordentlichen Rodolfo abgeben würde. Maurel entfaltete seine Stimme und sich, wurde ausgestopft, stapfte schwer und auftrumpfend über die Bühne und wurde während der ganzen Proben zur Tortur. Dazu verhandelte der Kerl noch. Jede Probe wollte er mit zehntausend Lire bezahlt haben und an jedem Abend schulde ihm die Scala viertausend Lire. Außerdem wollte er vertraglich zugesichert bekommen, den Falstaff in Mailand, Florenz, New York, Madrid und Berlin zu singen.

Die Wut über diesen gierigen Größenwahnsinnigen stieg in ihm hoch. Er genoss es sehr, noch einmal wütend zu sein, holte sich Maurel von der Bühne in den Bühnengang, den dicken Sir John: Hören Sie, diese Oper ist mein Werk, und ich denke nicht, irgendwelche Rechte an ihr abzutreten. Ich werde auch keine bezahlten Proben zugestehen, nein, das ist noch nicht da gewesen, Monsieur Maurel.

Der Mann schrumpfte in seinem Polster: Ich verstehe. Es ist für mich eine Ehre, Maestro, den Falstaff singen zu dürfen.

Dann singen Sie bitte, ohne an Gagen und Rechte zu denken.

Auf der Bühne wartete das Ensemble, gespannt, in welchem Zustand die beiden zurückkommen würden. Maurel trat auf, unangefochten, ein Falstaff, der noch nicht wusste, wie ihm mitgespielt würde.

Mascheroni probte Passagen mit dem Chor. Verdi freute sich an der Entschiedenheit der Stimmen; aus der zweiten Reihe im Parterre winkte Peppina, sie saß neben Piontelli, dem Impressario der Scala. Verdi suchte einen Platz hinter den beiden. Er mochte Piontelli nicht, sprach ihm jegliches Interesse an der Kunst ab. Peppina machte seine Ablehnung mit ihrer Freundlichkeit wieder gut.

Er beugte sich über die Stuhllehne vor sich, die Bühne nahm unter seinem Blick Leben an, das milchige Licht klärte auf: Caroli, rief er, Doktor Cajus, Sie sind dran, und das Orchester auch. Es wird die Handlung aufgerufen, mit dem ersten Wort, alles, alles, nicht nur die Person Falstaff.

Falstaff! Dieser Ruf – jetzt hörte er ihn: Falstaff!

Mascheroni gab den Einsatz und mit der Musik bewegten sich die Figuren. Maurel übertrieb, Verdi verdarb ihm durch ernsthafte Einwürfe den Spaß.

Sir John ist kein Aff, Maurel. Sie kaspern mit einem Liebeseifer, doch Sie vergessen, dass er seine Einsamkeit aufzubrechen versucht.

Sobald Falstaff seine Liebespost abgeschickt hatte, sobald die Weiber von Windsor ihn in wechselnder Gestalt zu foppen begannen, hielt es Verdi nicht mehr unten vor der Bühne, er mischte sich unter die Sängerinnen und Sänger, spielte vor, bat Mascheroni um Pausen, hielt ihn an, weiter in einem tönenden Strom zu erzählen, sang die Ariosi und die versteckten Anspielungen mit. Das Stück nahm Form an.

Hatte er danach seinen Platz in der zweiten Reihe eingenommen, saßen schon Boito und Giulio neben ihm, redeten auf ihn ein, kamen mit Plänen, mit Wünschen: viermal »Falstaff« im Teatro Carlo Felice in Genua.

Warum nicht, Boito, wir können uns über Tag im Palazzo verschanzen.

Und zweimal im Teatro Costanzi in Rom. Immer in derselben Besetzung.

Manchmal verzog er sich in die Kulisse, erledigte die Post vom Tage. Besorgt beobachtete Peppina dieses aufwendige Hin und Her, nur wagte sie es nicht, ihn aufzuhalten. Sie wusste, dass er voller Unrast eine Summe zog. Einmal, nach einer der letzten Proben, fragte er sie nach ihrer Meinung. Sie stand neben ihm am Ausgang, lehnte sich an ihn und sagte, dass er mit Mühe nur die Balance hielt: Ich weiß es genau, Verdi, ich erlebe eine neue Kunst, Musik und Dichtung, nur müssen wir halt warten, was Publikum und Kritik dazu sagen werden.

Nichts war wie sonst vor den Premieren. Giulio saß in der Lobby, fing Kritiker und Repräsentanten auf, Neugierige, Freunde von ehedem. Der allzu frühe Ruhm des »Falstaff« beruhte auf einer falschen Erwartung: Verdi habe seine erste komische Oper komponiert. Dagegen redete, fluchte er an: Das ist keine Nummernoper, kein alter Zirkus mehr, diese Bastarde denken schräg.

Immerhin stürmten sie das Hotel, plagten an seiner Stelle den armen Giulio, der wiederum fand den Ansturm vielversprechend, verhandelte, machte Termine: Paris, Berlin, Wien. Die ungewohnte Kompositionsweise des »Falstaff« sorgte bei den Leuten vom Fach für eine angespannte, geschwätzige Aufmerksamkeit. Peppina sah gelegentlich nach Giulio, er winkte ihr zu, umgeben von Männern, die über ihn gebeugt zu einer atmenden Laube wurden.

Boito ist beschäftigt, sagte sie, zurück in der Suite, er verwaltet deinen Ruhm. Ihr Lachen steckte an, er hörte ihr gemeinsames Gelächter, es wurde zum Ansporn für den kommenden Auftritt. Sie umarmte ihn unvermittelt und er spürte ihr Lachen wie ein Klopfen, ein Streicheln.

Der Ministerpräsident hat seine Anwesenheit zugesagt, natürlich Cavour und Carducci, der Dichter. Sie ließ die Arme sinken, eine Komödiantin, die sich ihrer Rolle bewusst wurde, trat ein paar Schritte zurück und drehte sich um die eigene Achse, mit ausgebreiteten Armen, sodass der schwach beleuchtete Raum mit einem Mal hell wurde. Er sah ihr verdutzt zu.

Schön bist du und unvorsichtig, Peppina, du könntest stürzen.

Mir ist auch schwindelig.

Nun lachten sie beide wieder.

Boito klopfte an der Tür: Es ist Zeit. Die Droschke wartet.

Als sie durch die Lobby gingen, Grüße wechselnd, folgten ihnen die Kundigen, die Kritiker in einem Pulk und lief ihnen ein junger Mann, auf dem Bubenkopf ein Lockengebirge, über den Weg. Verdi erkannt ihn gleich: Es freut mich sehr, Sie hier zu sehen, Toscanini.

Als er aus der Droschke stieg, drohte er zu stürzen. Boito hielt ihn fest und Peppina erschrak. Dabei fiel es auch ihr schwer, Tritt zu fassen. Energisch hängte sie sich bei Boito ein, der wiederum Verdi am Arm hielt. So betraten sie die Scala. Ein livrierter Beschließer, der sie erwartet hatte, eilte ihnen wie ein Bote voran.

Er werde nicht, wie es bisher seine Gewohnheit war, die Künstler in ihren Garderoben besuchen.

Warum nicht? Peppina drückte fragend seinen Arm.

Ihr Lampenfieber könnte mich kurzatmig werden lassen.

Boito kicherte: Lampenfieber dürften Sie, meine ich, nicht mehr kennen.

Der alte Mann gab nicht nach: Wenn es Erinnerungen weckt ...

Ein Schwarm festlich und erwartungsvoll gestimmter Menschen trieb sie die Treppe hoch. Immer wieder wurde der Maestro gegrüßt. Peppina erwiderte die Grüße. Vor der Loge erwartete sie Direktor Piontelli. Er rieb sich die Hände, strahlte, verbeugte sich, küsste Peppina die Hand: Aus aller Welt kommen die Leute, Kritiker, keineswegs nur aus dem Land, Impressarios, keineswegs nur aus dem Land, Berühmtheiten wie Carducci, der Ministerpräsident, der Bürgermeister – er holte Atem und stieß emphatisch einen letzten Satz heraus: Staunen werden die sowieso.

Boito riet, auf der Chaiselongue vor der Loge Platz zu nehmen. Verdi setzte sich und der Direktor verschwand. Er sank in sich zusammen und merkte Peppinas wachsame Blicke. Sie hatte recht, ihm nicht zu trauen. Es gelang ihm immerhin, die Erde unter seinen Füßen beben zu lassen, und er war nicht sicher, ob er das Gleichgewicht verlieren würde, sobald er aufstand.

Es ist Zeit. Boito und Peppina zogen ihn gemeinsam hoch. Er schwankte. Freu dich! Peppina redete ihn standfest und verabschiedete ihn ins Orchester. Piontelli begleitete ihn. Der Weg zur Bühne kam ihm sehr lang und anstrengend vor. Doch die Spannung, die er sich als Vorfreude auslegte, half ihm. Das Orchester begrüßte ihn, stimmte die Instrumente. Er genoss es, dass sich schon beim Einsatz der Vorhang hob und die Bühnenluft ihm ins Gesicht wehte.

Falstaff! Darauf hatte er gewartet. Es war der Ruf, der eine groteske Erzählung eröffnete.

Mascheroni dirigierte, wie sie es besprochen hatten, in einem beherzten Allegro und in den ariosen Partien so, dass die Erzählung sich für einen Moment selbst erklärte. Gut, sagte er vor sich hin.

Manchmal jauchzte das Publikum auf und applaudierte.

Sich an die Arbeit der letzten Monate erinnernd, vergaß er sich und wurde erst aufmerksam, als Ford ein Schlusswort sprach und die ganze Bande Evviva!

rief. Jetzt kommt die Fuge! Er sagte es und unterdrückte Stolz und Erwartung nicht.

»Tutto nel mondo è burla.«

Alles auf der Welt ist Narrheit.

Ihm schien, als halte das Publikum den Atem an, vielleicht auch, um gleich nach dem Schlusswort »Ma ride ben chi ride / La risata final« (Wer zuletzt lacht, lacht am besten) aufzuschreien, zu applaudieren. Piontelli bat ihn, auf die Bühne zu kommen, dem Ensemble zu danken. Seine Spannung ließ nach, er sank in sich zusammen. Das Orchester jubelte ihm zu. Warum sind die so außer sich?, fragte er sich. Weil ich alter Mann das alles erfunden habe? Weil die Oper ihnen so gefällt. Wahrscheinlich doch, weil ich eine für sie neue und ungewohnte Musik komponiert habe. Er lachte ihnen zu. Frau Quickly und Frau Ford nahmen ihn zwischen sich. Das Publikum tobte. Er verbeugte sich mit Schwung und danach vorsichtig. Der Applaus endete nicht. Maurel begann die Vorhänge zu zählen. Nach dem fünfzehnten ließ das Ensemble ihm den Vortritt, er stand allein an der Rampe, wünschte sich gegen den Schwindel die Stütze von Frau Ford und Frau Quickly. Das Publikum rief Evviva Verdi! Bravo! Er sah hinauf zu Peppina in der Loge. Sie stand, applaudierte und rieb sich die Augen. Der Jubel endete nicht. Seine Füße begannen taub zu werden und wenn er mit den anderen in die Bühnengasse lief, strauchelte er. Mehr als eine Stunde lang ließ das Publikum sie nicht los.

Ein Triumph, jubelte Piontelli, der sich den Kragen

seines Smokinghemds aufriss. Er sorgte dafür, dass Verdi geschont wurde. Die Premierenfeier könnte für den Maestro zu viel werden.

Das Ensemble hatte Verständnis und feierte für sich. Giulio hatte im Grand Hotel einen Salon für die Freunde reserviert. Die Droschke brachte sie. Er saß zwischen Peppina und Maria, Teresa Stolz, Boito und die Duse ihm gegenüber. Sie redeten, aufgeregte Kinder nach einem unerwarteten Abenteuer, über die Oper, über ihn, über diese immer wieder neue Musik. Und er fragte sich, was sie mit »immer wieder« meinten.

Vorm Hotel drängten sich Leute, sie applaudierten, als er ausstieg. Freu dich, sagte Peppina, und zeig ihnen deine Freude.

Tische waren festlich in dem kleinen Saal gedeckt. Giulio und Giuditta standen an der Tür, strahlten, applaudierten ihm. Er bekam einen Platz zugewiesen an der Spitze eines langen Tisches. Er atmete in kurzen Stößen. Peppina musterte ihn besorgt.

Setz dich, Verdi, genieße deinen Ruhm.

Er lachte kurz: Ich habe den Eindruck, er genießt mich, und stimmte damit Peppina zufrieden: Dir ist der Witz also noch nicht vergangen.

Giulio zählte mögliche Gastspiele mit dem Ensemble auf. Zum Beispiel erwarte man Verdi im Teatro Costanzi in Rom. Oder Paris oder Genua.

Da muss ich ja nicht reisen.

Piontelli brach quengelnd in die Planungen ein: Er könne ja nicht wissen, wie viele Abende die Oper gespielt werde und welche Kontrakte er verlängern müsse. Das war der Duse, der Jüngsten im Kreis, zu viel der Erbsenzählerei. Sie erhob sich, schön und glühend von Eifer, versuchte einen Toast auf den alten Meister am Kopf des Tisches: Meine Ehrfurcht, Maestro, ich verdanke Ihnen das Glück eines Abends, an dem die Kunst, Ihre unsterbliche Kunst die Stunde regierte. Vivat! Sie trank einen großen Schluck und alle taten es ihr nach. Sie gefiel ihm und es fiel ihm nicht schwer, ihr zu danken, für ihre Liebenswürdigkeit und ihre mutige Übertreibung. Während er sprach, schaute er in die Runde. Manche fehlten ihm. Ihre Abwesenheit tat ihm weh. Er stand auf. Peppina fasste kurz nach seiner Hand. Die Nacht hatte sich schwarz vor die Fenster des Salons gespannt. Er sah sich und die Gesellschaft im Licht gespiegelt.

Er stützte sich auf den Tisch und beugte sich ein wenig nach vorn: Ihr tut mir wohl. Es ist ein Glück, mit euch diese Stunde zu verbringen. Doch ihr werdet mir nicht nachtragen, hoffe ich, dass ich an jene denke, die fehlen, dass ich sie mir herwünsche: Chiarina Maffei, die wunderbar Feste feiern konnte, Feste der Freiheit gewidmet und dem Aufbruch; Alessandro Manzoni, der uns mit einer Erzählung begleiten würde; Angelo Mariani, den ich vergessen wollte und der eine Kammer in meiner Erinnerung besetzt. Sie leben alle nicht mehr. Aber ich denke auch an Cavour, den Streitbaren, er hat das Land geeinigt. Nein, so viel Pathos ist auch dem Glück nicht erlaubt. Also ein Hoch auf die Lebenden. Er trank und ließ sich in den Sessel fallen.

Giulio, gerührt von der Rede Verdis, schickte sich an zu antworten. Doch Peppina riss warnend den Arm hoch und rief, auf einem Grund von Gelächter: Jetzt keine Reden mehr.

Die Unterhaltung wurde laut und intensiv. Er hatte Stichworte gegeben. Teresa Stolz und Peppina riefen allen Chiarina Maffei in Erinnerung, den Salon, die Gäste, ihre Liebe zur Literatur und Musik. Ja, und ihr Interesse an der Politik. Sie war frei wie nur wenige, sagte Teresa und wendete sich an Verdi. Der saß, den Kopf gesenkt, die Hände am Glas und schlief. Mit einem Mal redeten sie leise und nur Peppina erlaubte sich einen forte gesprochenen Einwand: Es ist zu viel für ihn. Die neue Oper, das jubelnde Publikum, der Jubel vor dem und im Hotel. Mit achtzig ist der Ruhm anstrengend.

Lachen verflocht sich und legte sich wie eine Decke über den Schlafenden. Sie sahen ihm im Schlaf zu und wagten es schließlich, sich zu unterhalten. Maria erzählte, dass er in Sant'Agata des Öfteren eingenickt sei und im Aufwachen stereotyp erklärte: Ich muss zu den Pferden. Und was würde er jetzt sagen?, fragte Giuditta Ricordi und bekam eine verblüffende Antwort des Alten, der blinzelte und mit fester Stimme erklärte: Ich weiß, ich bin wieder eingeschlafen, doch ihr könnt euch Zeit nehmen aufzubrechen.

In den Tagen darauf gelang es ihm nicht, Ruhe zu finden. Er hatte die musikalische Welt in Aufruhr versetzt. Peppina las ihm morgens, mittags, abends, wann immer ihr Boito oder Teresina Zeitungen oder

Zeitungsausschnitte mitbrachten, den gesammelten Lobpreis vor. Stanford, dem sie bei der Premiere begegnet waren, machte seine Verbeugung im »Daily Grafic«: »... der allgemeine Eindruck ist nicht der einer Oper, die zum musikalischen Effekt oder zur Glorifizierung der Sänger geschrieben wurde, sondern der einer bewundernswerten Komödie, zu deren Akzentuierung und Idealisierung die Musik beigetragen hat. Auf der Titelseite ist mit Fug und Recht angegeben OPERA LIRICA.« Oder Shaw, der unerbittliche Wagnerianer und in musicis unleidliche Miesepeter, hör zu, Verdi, was er dir zu sagen hat, nachdem er sich die Partitur für sechzehn Schilling – das ist ihm schon zu viel – erstanden hatte: »Es kommt nicht oft vor, dass die Stärke eines Mannes so gewaltig ist, dass er ein Athlet bleiben kann.« – Peppina kicherte diesem Satz nach: Ein Athlet, mein Verdi ein Athlet! – »Es darf uns in Verdis Fall nicht so sehr wundern, vor allem diejenigen nicht, die vor langer Zeit, als von Bülow und andere ihn noch verächtlich ablehnten, einen Mann in ihm zu erkennen, der mehr Kraft besitzt, die er anzuwenden weiß, oder anzuwenden ihm die alten, durch die Umstände aufgezwungenen Opernformen tatsächlich raubten ...« Und um die Kritikerarien noch zu steigern, brachte Peppina an einem wärmenden Frühlingstag einen Brief in den Garten, wo er sich mit dem Verwalter getroffen hatte. Sie saßen im Schatten der Hauswand. Peppina rief: Eine Überraschung, Verdi, eine erfreuliche oder ärgerliche. Darf ich den Brief öffnen?

Seit wann gehst du meine Post durch? Und Briefe von Damen solltest du grundsätzlich nicht öffnen, da sie dir die Laune verderben.

Der Absender ist Hans von Bülow.

Leg ihn lieber zur anderen Post.

Sie nickte und tat das Gegenteil, riss mit spitzen Fingern den Umschlag auf, las, verzog keine Miene, begann mit beträchtlichem Tremolo vorzulesen, ohne auf den Verwalter zu achten: »Ich habe damit begonnen, Eure letzten Werke zu studieren, auch das ›Requiem‹, das ich unlängst in einer ziemlich schwachen Aufführung hörte – sie haben mich zu Tränen gerührt. Ich habe sie nicht nur nach dem Buchstaben, der tötet, sondern auch mit dem Geist, der wiederbelebt, studiert. Wohlan, erlauchter Maestro, nun bewundere ich Euch, liebe ich Euch! – Wollet Ihr mir verzeihen, wollt Ihr Euch des Privilegs der Souveräne bedienen – der Begnadigung?«

Der Verwalter war aufgestanden und gleichsam auf Zehenspitzen verschwunden. Verdi saß, die Hände auf dem Tisch, den Kopf gesenkt.

Begnadigung!, wiederholte sie. Du hast sie mit deiner Musik überlistet, überrumpelt, überwältigt. Er rührte sich nicht, knurrte: Jetzt erst nehmen sie es zur Kenntnis.

Dass ihm der Brief Bülows doch naheging, merkte Peppina an der Eile, mit der er ihn Giulio brachte und mit der er Bülow antwortete. Nachdem er alles zu einer verrückten Angelegenheit erklärt hatte, diktierte er Peppina eine Antwort, in der, wie sie fand,

Verdis Seele mitschwang: »Es gibt nicht die Spur einer Sünde bei Euch (...) vielleicht hattet Ihr damals recht. Wie dem auch sei, Euer unerwarteter von einem Musiker Eurer Geltung und Bedeutung in der Welt der Kunst geschriebener Brief hat mich sehr gefreut. Und zwar nicht aus persönlicher Eitelkeit, sondern weil ich sehe, dass wirklich überlegene Künstler ohne Vorurteile der Ausbildung, der Nationalität, der Zeit urteilen.«

Den letzten Satz hatte er zu schnell gesprochen, sodass Peppina ihn bat, ihn zu wiederholen. Dann warf sie den Stift hin: Das verdient dieser Schnösel doch nicht. Wenn ich an die Häme denke, die er verbreitete, der große Bülow, Wagners Adjutant.

Ich trage es ihm nicht nach. Ächzend stand er auf: Das würde mich bloß anstrengen.

Die nächsten Aufführungen dirigierte Mascheroni. Sie hatten Zeit. Giulio achtete darauf, dass nur wenige Besucher nach Sant'Agata kamen, Teresina leistete ihnen für einige Zeit Gesellschaft, er konnte sich um seine »Betriebe« kümmern, rief Versammlungen ein und ihm fiel auf, dass selbst die größten Raubeine behutsam mit ihm umgingen. Also bin ich aus Porzellan, sagte er zu Peppina, alt und zerbrechlich. Aber ich schaffe es immerhin, den Laden und die Leute in Schwung zu halten.

Sie musterte ihn von den Schuhspitzen bis zu den zerrauften Haaren, das konnte sie mit Blicken, die ihm nicht geheuer waren: Du bist ein alter Mann, Verdi, dein Bart ist grau, und der Barbier sollte ihn demnächst ein wenig stutzen. Und wir sind ein altes Paar. Ab und zu klapprig. Warum sie so schonend mit dir umgehen, verrate ich dir: Dein Ruhm schüchtert sie mehr ein als dein Alter. So ist es.

Wo sind die Hunde?, rief er ihr nach.

Im Zwinger. Sie lassen Haare, wo immer sie sich bewegen.

Zur achtzehnten Aufführung des »Falstaff«, sagte er sich, auch auf Drängen von Giulio, bei Piontelli an und versetzte ihn und das Ensemble in Aufregung. Teresina und Peppina amüsierten sich sehr, jetzt müssten alle den Rest ihrer Stimmen zusammenkratzen, um dem Maestro zu gefallen.

Er nahm den Spott gelassen hin: Die Stimmen kenne ich und die Musik auch, Signorine.

Mascheroni suchte dirigierend nach einem überredenden Brio. Das gefiel Verdi. Maurel hatten die vielen Abende mit Falstaff das Chargieren abgewöhnt. Auch das gefiel ihm.

Sie reisten dem »Falstaff« voraus nach Genua: Das Scala-Ensemble war in das Teatro Carlo Felice eingeladen

Peppina machte ihm Sorgen, sie kränkelte, klagte über Gliederschmerzen. Dabei war auch ihm nicht wohl, er fühlte sich ausgelaugt, und zu jeder Stunde an jedem Ort lauerte ihm Müdigkeit auf.

Der Aprilwind trieb kurze, heftige Wellen an den Strand. Er suchte nach einem sonnigen Platz auf der Terrasse, strich dann durch die Wohnung und legte sich neben Peppina auf das Bett. Er schlief, bis sie ihn weckte: Boito hat sich doch angesagt, um uns sein Leid zu klagen. Die große Duse hat ihn verlassen, mit einem Fluch und ohne Grund.

Er fragte, woher sie diese schnöden Einzelheiten wisse.

Von Teresina, bekam er zur Antwort. Das hätte er eigentlich gar nicht erst fragen müssen.

Boito kam, untadelig gekleidet wie immer, und duftete nach einem exquisiten Parfüm – er gab eine schrille Komödie zum Besten. Die Katastrophe habe sich nicht einmal in Kleinigkeiten angekündigt. In Mailand vor dem Palace Hotel hätte sie sich plötzlich ihm in den Weg gestellt, mit dem Täschchen auf ihn eingeschlagen, ihn einen Langweiler geschimpft, erklärt, dass sie ihn nicht mehr, nie mehr sehen wolle, und sei davongerauscht.

Verdi, der den Unströstlichen zu trösten versuchte, tat es ungeschickt: Sie machte eben Theater, Boito. Peppina winkte ab: Nein, sie spielte sich selber und Boito nahm das Theater mit Recht ernst. Er bezog das Gastzimmer und Peppina half ihm mit allerlei Freundlichkeiten über den Kummer hinweg.

Sie empfingen das Ensemble auf dem Bahnhof und nahmen am Ende der Aufführungen gemeinsam den Applaus entgegen. Am Abend zogen sie sich zurück, genossen die noble Umgebung des Palazzo, die Zuneigung des Personals und gingen durch, was der Tag an Vergnügungen und Verdruss brachte, wobei Peppina das Wort führte. Sie speisten, Verdi und Peppina warfen sich gegenseitig vor, wie Vögelchen zu essen, und bestanden beide auf ihrem Alter und der angeschlagenen Gesundheit. Zu dritt suchten sie nach witzigen Erklärungen, Peppina wies regelmäßig auf den Theaterhimmel vor dem Fenster hin: Schaut, wie aufregend! Der Ruhm behellige ihn mit allerlei Albernheiten, sagte er, mit den Blicken einer jagenden Wolkenformation folgend. Dass sie mich zum Marchese machen wollen, geht zu weit. Wie auch das Telegramm von Ministerpräsident Crispi, dessen wesentlichen Satz Peppina zum Besten gab: Ruhm sei Verdi, der mit seinen Harmonien die Alpen überquert! Dieser Schwachkopf verwechselt dich mit Hannibal.

Boito versuchte, Peppina in ihrem Spott noch zu übertreffen, indem er aufstand und den dirigierenden Mascheroni nachäffte, was Peppina ergötzte. Verdi aber nicht: Er geht anständig und verständig mit meiner Musik um. Ich wüsste nur wenige, die dazu imstande sind. Am letzten Abend verabschiedete Boito sich, um in Cambridge den Ehrendoktor abzuholen. Den doppelten Doktor, betonte er stolz und verlegen.

Das Ensemble reiste ihnen voraus nach Rom, um im Teatro Costanzi die Bühne auszuprobieren. Verdi und Peppina waren von König Umberto I. eingeladen. Peppina beunruhigte die Aussicht auf den Besuch im Palazzo Quirinale. Was sie denn anziehen solle, fragte sie, wie die Majestäten angeredet werden müssten. Sie bekam keine hilfreichen Ratschläge von Verdi, der auch gleich einschlief.

Im Hotel in Rom stand das Personal ihm Spalier. Er hielt an und winkte die Leute energisch ins Haus hinein. Da ihnen nur wenig Zeit nach dem Besuch auf dem Quirinal bleibe, beschloss Peppina, sich so zu kleiden wie für die Oper. Er habe es einfach mit dem Frack.

Eine Droschke erwartete sie vor dem Hotel. Der Kutscher steckte in einer schmucken Uniform. Er half – gelernt höflich, wie Peppina fand – ihnen beiden in die Kalesche und Verdi merkte, wie schwerfällig er sich bewegte. Als er neben Peppina in die Polster sank, verfluchte er die mürben Knochen. Sie lehnte sich an ihn: Übertreib nicht, Verdi.

Die Kutsche fuhr die Via Parma hoch. Die Stadt wurde immer heller. Schau, Peppina deutete zum Fenster hinaus, die Armut so nahe beim König. In solchen Augenblicken, wenn sie wie ein Kind sich über Unrecht empörte, liebte er sie. Er wird es, sagte er, weil er König ist, gar nicht wissen, wie nah ihm die Armut kommt, er, einer der Sieger von Solferino.

Sie klatschte in die Hände: Das muss dir natürlich einfallen.

Majestät trug Uniform, ein Fantasiestück, das offenbar nur für ihn geschneidert worden war. Verdi machte sich nach dem Besuch Gedanken, weshalb Majestäten häufig in miserablen Stücken und Kostümen auftreten. Umbertos Belesenheit allerdings trieb ihm den Spott aus. Sie kamen auf Leopardi zu sprechen, und seine Majestät rezitierte ein paar Verse und erzählte, dass er das »Requiem« gehört und diese Komposition ihn so ergriffen habe, dass ihm die

Tränen in die Augen gestiegen seien. Er habe hernach gleich Manzoni gelesen und sich einiger Gespräche mit ihm erinnert, über die Napoleon-Ode.

Die Damen unterhielten sich mittlerweile über Reisen, und Königin Margherita fragte Peppina über ihre Gastspiele aus. Schließlich lud Umberto, in Vorfreude, wie er betonte, Verdi und Peppina für den Abend in seine Loge ein.

Die Kutsche brachte sie zurück ins Hotel. Ein lauer Regen wusch die Stadt. Verdi beugte sich nach vorn und sagte sehr entschieden: Nein, diese Sache macht mich auch nicht zum Monarchisten.

Peppina deutete auf den uniformierten Kutscher, legte den Finger auf die Lippen, aber Verdi wurde nicht leise: Der wird es schon nicht weitersagen. Vielleicht denkt er wie ich.

Die Aufführung kam ihm noch konzentrierter vor. Mascheroni nahm sich mehr als in Mailand und in Genua der Sänger an. Sie sangen alle vorzüglich und auch Maurel erlaubte sich keine publikumswirksamen Eskapaden. Am Ende tobte das Publikum. Viva Verdi!, wurde gerufen, und Umberto, der sitzen blieb, bedeutete ihm aufzustehen. Er stand, umtost von Bewunderung und einer Dankbarkeit, die ihn ergriff. Peppina fasste nach seiner Hand. Er wurde geholt, sich auf der Bühne zu zeigen mit dem Ensemble. Krumm und geschrumpft stand er zwischen ihnen – er empfand es so –, verbeugte sich, zog mit ihnen hinter die Bühne, kehrte mit ihnen zurück – manche waren ihm auf die Nerven gegangen, manche hatten inständig für ihn gespielt und gesungen.

Er verbeugte sich und Mascheroni sagte: Der König geht. Das königliche Paar verschwand. Peppina erschien im Bühneneingang. Er solle diesen römischen Triumph noch einige Male genießen, forderte sie ihn auf, und wenn alles vorbei und das Theater leer sei, solle er mit dem Ensemble feiern und sich bedanken.

Er hielt keine Rede, ging von einem zur andern, drückte Hände, umarmte, streichelte Wangen: Ich verbeuge mich dankbar vor euch, rief er schließlich, ihr habt meiner Oper Leben geschenkt. Bravo!

Er stolperte, als er von der Bühne ging. Peppina sorgte dafür, dass er nicht stürzte.

Das hätte mir so gepasst, sagte er ächzend, denen auch noch den alten Mann zu spielen.

Im Hotel wurden sie ebenso von Gästen applaudierend begrüßt. Giulio erwartete sie, bat sie in einen Salon, dort könnten sie gemeinsam essen und mit einem Glas Champagner anstoßen.

Giulio schlug vor, wenigstens für zwei Wochen in Montecatini Erholung zu suchen. Verdi reagierte misstrauisch auf den Vorschlag: Was muss ich mich wieder erholen? Aber ich, fügte Peppina leise hinzu.

Er gab nach. In Mailand trafen sie den aus Cambridge heimgekehrten Boito. Erfreut, Sie zu sehen, Herr Doktor.

Er beugte sich mit Anstand ihrem Spott: Wer trägt schon zwei Hüte, ohne dass einer hinunterfällt.

Sie reisten miteinander nach Montecatini, wo Peppina und Verdi von den Ärzten bescheinigt bekamen, dass ihr Zustand zweifelhaft sei. Sie zogen sich mehr als gewohnt zum Schlafen zurück.

Giulio und Boito schlugen vor, dass Verdi nach der Rückkehr aus Montecatini in Mailand bleibe und mit ihm die französische Fassung des »Falstaff« durchgehe. Varianten im Text forderten Entsprechungen in der Komposition. Die Direktion der Opéra Comique erwarte auch, dass er an den Proben teilnehme.

Ihre Vorschläge brachten ihn auf: Das ist unmöglich. Diese lange und unbequeme Reise vertragen Peppina und ich nicht. Was denken Sie.

Boito und Giulio waren vorbereitet auf den Widerspruch. Sie müssen sich um nichts kümmern, nicht um die Billets, nicht um das Hotel in Paris. Sie hätten ein Abteil, nein, einen Salon für sich, da könnten sie die Nacht durchschlafen, Speisen könnten sie bestellen, sie würden ihnen gebracht, und am Vormittag seien sie dann in Paris. Ausserdem würden sie beide, Giulio und Boito, mitreisen und darauf achten, dass alles nach ihren Wünschen geschehe.

Im April brachen sie auf. Die Menge der Koffer schüchterte sogar Boito ein. Die beiden reisten herrschaftlich. Peppina hatte darauf bestanden, von Carla, ihrer Zofe, begleitet zu werden. In Turin mussten sie umsteigen in den Express nach Paris. Es war eine der Unbequemlichkeiten, die Verdi mürrisch kommentierte.

Sie hatten drei Wochen Zeit für die Veränderungen und die Proben. Boito stürzte sich in die Besprechungen, entlastete Verdi, der in den Proben nicht nachgab, die römische Aufführung als Maß nahm, er hielt Maurel in Schach, dem es wichtig war, als Franzose in der Opéra Comique zu glänzen, Verdis Vorschläge und Einwände aber inzwischen ernst nahm. Peppina stellte zufrieden fest, dass Maurel auf der Bühne eine Menge gelernt habe und dass die Stimme dieses störrischen Esels untadelig sei. Sie stahlen sich einmal davon, um nach »dem Haus« zu sehen, in dem sie einander vor langer Zeit lieb gewannen: Es stand mit abgeblättertem Putz und blinden Fenstern in der Häuserreihe.

Ich habe den Eindruck, es ist schmal geworden. Peppina hatte den Kopf in den Nacken gelegt und schaute hoch zur zweiten Etage. Da oben habe ich meine singenden Schülerinnen empfangen und manchmal dich. Wenn dir eine der jungen Frauen gefiel, vor allem ihre Stimme, wurde ich eifersüchtig.

Verdi wollte in das Haus hineingehen.

Das nicht. Nicht solche Wiederholungen, sagte sie.

Er blieb stehen, wendete sich ihr zu: Wir wagten uns aus unserem Unglück, du und ich, albern, wie du bist, es war eine Vorstufe unseres Glücks.

Ja, sie legte die Hand auf die Brust, mir ist nicht gut. Bring mich ins Hotel. Dort stritten sie, ob ein Arzt notwendig sei. Bis Peppina ihn auf die Probe schickte. Sie brauche keinen Doktor und werde sich hinlegen. Sie rieb sich verlegen das Kinn: Das kommt davon, wenn es unsereinen in die Vergangenheit drängt.

Der Rummel, in den sie dann gerieten und in dem

ihnen Boito und Giulio beistanden, war ganz und gar gegenwärtig. Ein Empfang in der Mairie, ein weiterer in der Opéra Comique. Verdi fühlte sich schlapp, hatte zwei Wochen geprobt, den Sängern vorgespielt, das Orchester zum »Erzählen« zu überreden versucht, so lange, bis die Musiker es begriffen und konnten. Die meisten Reden hörte er nicht mehr. Varianten vergnügten ihn. Zwischen Boito und Peppina den Huldigungen zuhörend, unterbrach er sie manchmal mit einer geflüsterten Ankündigung: Ich falle gleich um.

Im Hotel wartete Carla, die Zofe, sie zu umsorgen, Peppina ließ sich tatsächlich aufs Bett fallen, klagte über Schmerzen in den Beinen, sie seien auf Elefantenstärke angeschwollen. Carla bereitete ihr ein Fussbad. Verdi sah der Prozedur zu und meinte: Heute Abend der französische »Falstaff«, den du kennst. Du hast die Proben gehört und ab und zu meine Veränderungen notiert und die charmanten »Französisierungen« Boitos im Text.

Sie rührte mit nackten Füßen das Wasser in der Schüssel: Er ist eben gescheit, der Boito.

Carla saß auf einem Schemel vor ihr. Wie auf einem alten Bild, dachte Verdi. Wie so oft überwältigte ihn die Kindlichkeit Peppinas, die sie mit dem Alter zurückgewonnen hatte. Sie zog sich zurück, machte sich klein, wollte niemandem zur Last fallen. Selten klagte sie über Schmerzen oder verlieh ihnen einen kuriosen Ausdruck, wie den elefantenstarken Beinen. Sie drängte Verdi, für Carla ein Billett zu besorgen. Sie könnte ihr beistehen und sie falle ihm dann nicht zur Last. Die beiden Frauen verschwanden in Peppinas Schlafzimmer. Die Signora brauche ihre Hilfe. Er hörte sie, Peppina erklärend und wünschend, Carla beruhigend und überredend. Er klopfte bei Boito. Sie gingen hinunter in die Lobby, wo zu seiner Überraschung der Direktor der Opéra auf sie wartete. Dem ging es um die Premiere des »Otello«, die in drei Wochen stattfinden solle. Wahre Verdi-Wochen, scherzte der kleine quicke Mann, der rundum von Fettpölsterchen besetzt war.

Verdi reagierte entschieden: Nein, sagte er, eine zweite Reise geht über meine Kräfte, nicht zuletzt über die der Peppina. Nein. Er wollte sich nicht überreden lassen.

Boito erinnerte an die Arbeit, die er sich mit dem französischen »Otello« gemacht habe. Es ist wichtig, dass Sie dabei sind, Maestro.

Der Direktor ergänzte: Paris erwartet es. Sie werden heute Abend sehen, wie die Pariser Sie bewundern, verehren, Ihre Werke kennen.

Er gab nach, bat die beiden Herren aber, ihn allein zu lassen. Er saß, grübelte, wurde mitunter gegrüßt, ging danach aufs Zimmer, um sich für den Abend anzuziehen. Er öffnete die Tür zu Peppinas Zimmer um einen Spalt, rief hinein: Wir fahren demnächst noch einmal nach Paris, zum »Otello«. Es kam kein Protest. Wenn wir so bequem reisen wie dieses Mal, rief sie, gut.

Sie nahmen Platz in der Loge, mit ihnen der Direktor und der Maire.

Peppina forderte für Carla einen Platz in ihrer Nähe. Die Sänger und Sängerinnen hörten sich gut an, bis auf einen indisponierten, nicht singenden, sondern gurgelnden Mister Ford, und das Orchester schien ein wenig angestrengt. Der Applaus war groß, Verdi nahm ihn in der Loge entgegen, lehnte es jedoch ab, auf die Bühne zu kommen, mit Rücksicht auf seine schmerzenden Beine. Worauf Peppina ihn in die Seite boxte: Leidensgenosse!

Wieder zurück in Sant'Agata, begann Verdi zu planen, die Zukunft zu ordnen, verkaufte, bis auf ein Gespann, alle Pferde, verhandelte über die Mühle und bot den Bauern, die bisher die Felder und Äcker schon bestellt hatten, das alles zur Pacht an. Peppina, die entweder im Schlafzimmer oder an einem schattigen Platz im Garten gebettet lag, unter der hilfreichen Aufsicht von Carla und Maria, fragte, ob er denn alles aufgeben wolle. Im Gegenteil, widersprach er ihr, ich stecke das Geld in unser Altersheim. Der Bau werde, warnte Boitos Bruder, der Architekt, teurer als angenommen.

Er ließ sich vom Verwalter mit der Kutsche abholen, besuchte alle, die auf seinem Land arbeiteten, die Bauern, die Müller, die Käser, die Saisonarbeiter, er fragte nach ihrem Ergehen und nach der Rundfahrt ging das Gerücht um, der alte Maestro habe sich verabschiedet. Das nicht, meinte er, darauf angesprochen, aber er begann mit den Abschieden.

Peppina fiel es auf, dass er öfter am Klavier saß als sonst. Komponierst du?

Eine Kleinigkeit. Er hatte sich mit Jacopone da

Todi und seinem »Stabat Mater« beschäftigt, gregorianische Tonsätze studiert, sich eingeredet, nicht fromm zu sein: »In te speravi, non confundar in aeternum/In te, domine, in te speravi«. Er gab ihr das Te deum zu lesen. Sie kannte nun alle vier Stücke, die »Quattro Pezzi Sacri«, das »Stabat Mater« hatte er ihr geschenkt. Er beobachtete, wie sie las, manchmal sang sie, dann legte sie die Blätter auf das Plaid, das sie umhüllte, sah ihn lächelnd an: Keine Oper mehr, Maestro?

Ist das eine Frage, Peppina?

Nein, eine Feststellung.

Von diesem Wortwechsel inspiriert, dankte er seinem Publikum, das nach so vielen Jahren davon befreit sei, »noch Opern von mir anhören zu müssen«.

Boito redete ihm in solche Abschiedsstimmungen hinein. Er kokettierte mit seiner Schwäche und erstaunte seine Umgebung immer von Neuem mit seiner Kraft, seiner Herzlichkeit. Der Sommer überfiel ihn mit einer heftigen Sonne, über die Peppina klagte und vor der sie in das Haus floh.

So schwer es ihm fiel, gab er die Hunde in die Pflege des Verwalters, der ohnehin in der letzten Zeit mit ihnen umgegangen war. An einem Abend spazierte er mühsam zu ihrem Zwinger und ihr Jaulen, mit dem sie ihn verabschiedeten, folgte ihm in den Schlaf.

Giulio hatte Verdi und Boito in den Verlag gebeten, er bereite die französische Ausgabe des »Otello« vor. Sie saßen, wie Schüler, rund um den Tisch, die

Köpfe über die Ausdrucke gesenkt, der eine murmelte, der andere summte. Takt für Takt gingen sie durch.

Angestrengt kam er ins Hotel, oft mit der Angst, dass ihn Carla mit Schreckensbotschaften erwarte: Die Signora sei gestürzt, aber es sei nichts passiert, die Signora sei beim Essen eingeschlafen und habe darauf bestanden, ins Bett gebracht zu werden.

Er komponierte, wie von der Opéra gewünscht, das Ballett für den französischen »Otello«, wurde dafür von Giulio und Boito bewundert und konnte Peppina bei einem Abendessen unterhalten: Stell dir vor, Peppina, ein Ballett, und ich, unfähig bei einem langen Schritt das Gleichgewicht zu halten, ich, ein sich schonender Tippler, denke mir Battons, Sprünge und Flüge aus, mute meinen Beinen Abenteuerliches zu und komme mir vor wie ein Maler, der sich ein Bild, das von ihm erwartet wird, nur erklärt. Sie konnte lachen, aber es strengte sie an, sie legte ihre Hand auf seine, und er war überrascht, wie federleicht sie war. Eine Zeit lang hielt er sie fest. Dann verabschiedete sie sich für die Nacht. Vielleicht träumst du von entfesselten Tänzern, Verdi.

Ehe sie nach Paris reisten, wieder unter der Obhut von Giulio, im »wagon lits«, stellte Verdi zufrieden fest, dem auf der Hinfahrt erst klar geworden war, dass die rätselhafte Abkürzung einen Salon und ein Schlafzimmer auf Rädern bedeutete. Noch einmal flehte er Giulio an, wie schon vor der ersten Reise, ihm alle Störungen vom Leib zu halten. Er war sicher, dass es umsonst sei. Auf der Zwischenstation in Genua fand er sich damit ab, denn der späte Herbst wärmte und über dem Meer lag morgens ein feiner, faseriger Dunst. Edmondo de Amicis, ein Schriftsteller, den die Verdis schätzten, kam zu Besuch. Noch später erinnerte er sich an Peppinas leidenschaftlichen Umgang mit Büchern, an ihre erstaunlichen Kenntnisse: »Sie drückte jede Meinung in Form eines Zweifels aus«, schrieb er, sie frage sich, frage ihr Gedächtnis.

In Paris wurden sie erwartet, die Zeitungen wünschten Interviews, Bekannte, die sie schon nicht mehr kannten, erhofften ein Gespräch.

Der »Otello« schlägt »Falstaff«, was den Rummel angeht. Boito fand das auch. Er sorgte dafür, dass die Verdis im Hotel nicht gestört wurden.

Verdi öffnete eines der Fenster im Salon: Die Stadt hat Stimmen, hat ihre Musik. In Mailand fällt mir das nie auf.

Da bist du mehr oder weniger zu Hause, Verdi.

Paris redet ungewohnt. Hörst du? Laut und hastig, manchmal schrill und jetzt in einem herzergreifenden Piano. Dieses Konzert hören wir zum letzten Mal, wir sollten es genießen.

Verdi lehnte horchend am offenen Fenster, zog Peppina an sich: Merkst du, dass wir uns fortwährend verabschieden? Von Städten, von herbstlichen Terrassen, von gemeinsamen Spaziergängen, von Pferden und von Hunden?

Sie verschloss mit ihrer Kinderhand seinen Mund: Das sind deine Abschiede, Verdi.

Und deine?, fragte er.

Die verrate ich dir nicht. Diesen Satz hatte sie, fand er später, wieder gesungen.

Tagsüber ließ er sich zu den Proben in die Opéra Comique bringen. Peppina blieb mit Carla im Hotel.

Die Arbeit strengte nicht an, sie belebte ihn. Obwohl Maurel, als Jago, das Ensemble zu sprengen drohte, ließen sich die Sänger mit erstaunlicher Intensität auf ihre Rollen ein.

Wie fast alle geahnt hatten, wurde die Pariser Premiere ein triumphaler Erfolg. Die Kritik überschlug sich. Giulio sprach von einem Welterfolg. Verdi hielt das für eine geschäftstüchtige Übertreibung. Er merkte, dass die Resonanz auf »Otello« nicht zu vergleichen war mit der auf den »Falstaff«. Er ergötzte Boito mit der Auslegung, dass er um zwei Jahre älter sei und das Publikum nicht mehr viel von ihm erwarte.

Sie reisten nach Hause. Als ihnen in den Waggon geholfen wurde, drehte er sich zu Peppina: Das letzte Mal Paris, das letzte Mal wagon lits.

Sie schüttelte heftig den Kopf: Das muss nicht sein, Verdi.

Sie machten in Genua Station. Von dort schrieb er, auf der Terrasse sitzend, an Giulio: »Ich habe der Opéra am Freitagabend Valet gesagt und mich von allen, allen Künstlern verabschiedet, die mir auf das Herrlichste, Freundlichste, Rührendste entgegengekommen sind. Ich bin nicht wenig bouleversé gewesen.« Peppina weigerte sich aufzustehen, sich einem

Arzt anzuvertrauen. Verdi redete auf sie ein, sie brauche Hilfe.

Wofür?, fragte sie. Helfen die Weißkittel, mir den Koffer für die Ewigkeit zu packen? Sie haben ja keine Ahnung, was ich mitnehmen möchte.

Er packte nicht, er räumte auf. Nacheinander, in zwei Portionen, schickte er Giulio die »Quattro Pezzi«. »Denn solange sie noch auf meinem Schreibtisch lagen, schaue ich sie hin und wieder wohlgefällig an, und sie scheinen ein Stück von mir zu sein. Nun gehören sie mir nicht mehr!«

Unangesagt erschien er wieder, ein Junge, der schwer zu bremsen war: Arturo Toscanini. Die Scala habe ihn aufgefordert, den »Falstaff« zu dirigieren. Verdi reagierte, für den Jungen unerwartet: Freuen Sie sich, meine Hilfe brauchen Sie ja nicht.

Toscanini blieb hartnäckig. Ich habe noch ein paar Fragen.

Verdi bat ihn ins Haus. Sie setzten sich ans Klavier. Toscanini wurde alle seine Fragen los und Verdi freute es, so gefragt zu werden. Ich werde Ihnen leider nicht zuhören können.

Peppina fragte ihn nach dem Besuch, Verdi erzählte, und sie bestätigte ihn in seinem Urteil: Ja, er lebt mit der Musik.

Boitos Bruder Camillo drängte Verdi, auf die Baustelle der »Casa di Riposo« zu kommen. Es hätten sich wieder Fragen in der Finanzierung gestellt. Obwohl er Peppina die Fahrt nach Mailand nicht zumuten wollte, bat er sie, ihn zu begleiten. Er brauche sie. Er brauche sie gegen seine unvermuteten Unsicherheiten, seine Vergesslichkeit, seine Ängste. Sie trafen sich mit Camillo Boito. Das Haus stand als prächtige Andeutung an der Piazza Buonarotti. Nur ein Maurer war auf der Baustelle zu sehen. Verdi zeigte auf ihn. So wie es aussieht, wird mit ihm gespart.

Boito korrigierte ihn mit einem trockenen Lachen: Im Gegenteil, er ist uns teuer.

Peppina drängte es ins Hotel. Es strenge sie an, über unfertige Häuser zu reden, über steigende Kosten, ohne ein bisschen Luxus und Wärme in Aussicht zu haben. Im Hotel führte Camillo die Berechnungen vor. Beängstigend! Verdi beruhigte ihn: Die Stiftung, meine und die Ihres Bruders, kann die Last ertragen. Peppina, die die Demonstration Camillos aufmerksam verfolgt hatte, fragte Verdi am Abend vor dem Schlafengehen: Übernimmst du dich da nicht oder deine, eure Stiftung?

Er fuhr ihr übers Haar, sie wurde, dachte er, immer kleiner: Fürchtest du um dein Erbe?

Sehr ernst wies sie ihn zurecht: Es fragt sich, mein Verdi, wer wann erbt. Sie rief nach Carla, um das Gespräch abzubrechen. Manchmal, nach dem Kaffee am Morgen, nahmen sie sich Mut und spazierten mit kurzen Schritten in den Garten hinein. Sollen wir uns in die Büsche schlagen?, fragte er. Beide wussten, dass ihnen wachsame Blicke folgten. Was sollen unsere Hüter von uns denken, fragte sie.

Sie traten aus dem Schatten einer kurzen Allee in

die Sonne: Hier könntest du mich, im Licht, das noch kein Abendlicht ist, in die Arme nehmen, Verdi. Übertreib aber nicht.

Er schloss sie in die Arme, küsste sie auf die Stirn, auf die Wangen, auf den Hals. Sie nahmen sich an der Hand, wagten doch noch ein paar Schritte in den Garten hinein und kehrten um.

Selbst die Gewohnheiten mussten sie ändern, widerrufen. In Genua mied er im Novembernebel die Terrasse, da er fror. In Montecatini, wo sie sich mit Teresa trafen, bat er um eine Suite im Parterre. Er erklärte nicht, weshalb. Die Treppen hochzusteigen, fiel ihm schwer. Peppina ebenso. Der Portier fand ohne Weiteres eine Suite zum Garten. Erleichtert zogen sie um und ein. Nach den Bädern schlief Peppina, er saß mit Teresa in der Lobby und genoss, wie sie über Theater, Sängerinnen, Direktoren und Musiker tratschte.

Erzähl weiter!

Langweile ich dich nicht?

Überhaupt nicht.

Er erzählte Peppina, was er gehört hatte.

Das sind lauter alte Geschichten, Verdi, mit neuem Personal.

Er konnte sie nicht dazu bewegen, die Ärzte zu konsultieren. Ich traue ihnen nicht, Verdi. Ich weiß, wie es mir geht.

Er ließ es bleiben. Die Tage in Montecatini taten ihnen auf jeden Fall wohl. Der Nebel in Genua kühlte ihn noch mehr aus. Für den Heiligen Abend hatten sie Boito eingeladen. Peppina ging wie immer auf in den Vorbereitungen, hortete Geschenke für die Kinder des Hausmeisters, ging mit Carla das Menü durch, sang in der Küche die Lieder, die sie als Kind für die Weihnachtszeit gelernt hatte, und Verdi, allein im Salon, summte sie mit. Die festlichen Tage endeten mit einem Schock: Ein Schlaganfall warf Verdi hin. Peppina versuchte, ihn aufzurichten. Er konnte sich kaum bewegen und nicht sprechen. Er deutete an, dass er etwas schreiben möchte. Sie kauerte sich neben ihn hin, gab ihm einen Zettel und einen Stift. Mit größter Anstrengung malte er ein einziges Wort: Café. Sie half ihm, den Kaffee, den sie aus der Küche geholt hatte, zu trinken. Er wirkte. Hilf mir, bat er, noch undeutlich. Sie stützte ihn, er stand. Es war ein Wunder. Das soll niemand erfahren, erklärte er nun deutlich.

Gute Nachrichten halfen ihm weiter auf: Mascheroni schrieb, dass er »Falstaff« mit größtem Erfolg in Wien und Berlin dirigiert habe.

In Sant'Agata werde ich die »Quattro Pezzi« noch einmal durchnehmen.

Das hättest du auch hier können, sagte sie, als sie sich von Genua verabschiedeten.

IX.

Allegretto mesto

Die Einschränkungen, der Verlust an Bewegungsraum, das bedrohliche Unvoraussehbare bedrückten ihn mehr und mehr. Oft brauste er auf, geriet aneinander mit dem Verwalter, scheuchte Maria mit Vorwürfen vor sich her, sie kümmere sich viel zu wenig um Peppina und ihn, und wenn sie sich wehrte, entschuldigte er sich. Die Casa di Riposo war zur Hauptsache geworden, zur Manie, die ihm Peppina vorwarf.

Sie könnte längst unser Heim sein.

Ach, Verdi, du und eine Handvoll malader, dennoch auf ihren alten Rang bedachten Sänger, Sängerinnen, Geiger und Posaunisten und womöglich ein verrückter, gichtfingeriger Pianist darunter, du würdest sofort ins Hotel ziehen.

Sie sagte es ein wenig vorwurfsvoll, denn er fuhr neuerdings allein, ohne sie, nach Mailand »zur Baustelle«. Mitunter bekam sie Fieber, legte sich, behütet von Maria oder Carla, in ihr Zimmer, bat, die Fenster aufzureißen, bat um einen ordentlichen Durchzug gegen die Hitze draußen und in ihr. Sie wünschte sich dringend, für wenige Tage nach Montecatini zu fahren. Er gab nach, fürchtete, die Fieberstöße könnten bedrohlicher werden. Es ist eine Wiederholung, wiegelte er mürrisch ab.

In der Musik gibt es notwendigerweise Wiederholungen. Wem sage ich das.

Dieses Mal begleitete sie keiner der Freunde, außer Carla.

Sie redeten wenig miteinander. Da beide unsicher gingen, wankten sie und stießen oft gegeneinander. Sie kicherte, er pfiff kurz durch die Zähne, so machten sie ihre Hinfälligkeit zum Spiel.

Als sie nach Sant'Agata zurückkehrten, hatte der Hochsommer den Park üppig werden lassen. Kaum da, musste er schon wieder weg. Er fahre für ein paar Tage nach Mailand. Sie verabredeten, er werde sie am Sonntag abholen. Sie begann, ohne ihn zu behelligen, ihre Welt zu ordnen, bestellte Marias Mann, Carrara, der ihr Testament aufnehmen und bestätigen sollte. Sie ordnete die Möbel, die die Einrichtung in Genua ergänzen sollten. Sie war müde und hatte wieder Fieber.

Am Vormittag kam Verdi nach Hause, erschrak über ihren Zustand, belästigte sie aber nicht mit seinen Sorgen. Sie setzten sich wie immer zum Mittagessen, sie nahm nur wenig zu sich.

Iss, Peppina, iss nicht wie ein Vögelchen.

Sie drückte beide Hände an die Brust. Es tut mir hier weh und ich friere.

Maria, die mit ihnen aß, bot an, sie ins Schlafzimmer zu bringen. Verdi sah den beiden Frauen nach, sah den straffen breiten Rücken der jungen und den schmalen, krummen Rücken der alten. Er rief Carla zu, der Verwalter solle den Doktor aus Busseto holen. Er sei jetzt nötig, auch wenn die Signora Strepponi die Weißkittel zum Teufel wünsche.

Er erschien, Peppina nahm ihn nicht zur Kenntnis. Es sei eine Lungenentzündung, stellte er fest. Er hatte nur lauschend seinen Kopf über ihre Brust gehalten. Verdi bestand darauf, noch einen weiteren Arzt zu hören. Am Ende waren es drei, einer aus der von ihm geförderten Klinik in Villanova. Wäre Peppina nicht so schwach gewesen, sie hätte sich schrecklich aufgeregt über die Versammlung von Weißkitteln. Sie bestätigten den Befund. Als Verdi das hörte, verließ er das Zimmer, trat vors Haus, ging auf und ab, unterdrückte ein Schluchzen, sah am Wegrand eine Ansammlung von Veilchen, die ihm noch nicht aufgefallen waren. Er zupfte eine Blume ab, zwirbelte den dünnen Stiel zwischen den Fingern, roch an der Blüte. Sie wird sich freuen, sagt er, betrat das Zimmer, lief zu ihr hin, hielt ihr das Veilchen unter die Nase: Riech mal, Peppina, das duftet.

Danke, Verdi, doch ich rieche nichts, denn ich bin ein bisschen erkältet.

Er setzte sich auf den Bettrand und steckte das Veilchen in die Jackentasche. Sie schloss die Augen und atmete mit Mühe. Er nahm ihre Hand und küsste sie. Die Ärzte verschwanden im Nebenzimmer. Nur Maria blieb, behielt ihren Platz auf einem Stuhl an der Zimmerwand. Er wusste, dass es ein Abschied sein würde. Aber so hatte er ihn sich nicht vorgestellt. Eigentlich wollte er als Erster abtreten. Er fuhr mit der Hand über ihre Stirn, eine Andeutung von Lächeln stahl sich in ihre Mundwinkel. Er beugte sich über sie, küsste sie. Du hast ja deinen Koffer für das Jenseits schon gepackt, liebste Peppina. Als er diesen Satz aussprach, den sie in letzter Zeit immer wieder zum Besten gab, hörte sie mit einem angestrengten Stöhnen auf zu atmen. Maria war aufgestanden und hielt die Hand vor den Mund. Er legte sich neben die Tote, schmiegte seinen Kopf an den ihren. Maria erschrak und machte sich unsichtbar, als er laut zu weinen begann wie ein Kind. Und nicht aufhörte. Schließlich setzte er sich und fragte ins Zimmer hinein: Maria?

Ja.

Sage dem Arzt aus Busseto, er möchte kommen. Die Signora Peppina ist gestorben.

Schweigend hörte er dem Arzt zu, nahm dessen Beileid entgegen. Schweigend zog er sich zurück. Den ganzen Tag über sprach er nicht ein Wort.

Am Abend brachte ihm Alberto Carrara das Testament Peppinas. Sie hatte auch ihr Begräbnis vorgeschrieben. Es solle am frühen Morgen stattfinden und einfach sein. »Ich kam arm auf diese Welt und möchte sie auf gleiche Weise verlassen.« Als Verdi zum Schluss des Testaments kam, kehrte er Carrara den Rücken zu und Tränen rannen ihm über die Wangen und in den Bart. »Lebe wohl, mein Verdi«, las er, »wie wir im Leben vereint waren, so möge es Gott gefallen, unsere Seelen im Himmel wieder zusammenzuführen.«

Den Tag darauf wurde sie zu Grabe getragen. Nach einem schlichten Gottesdienst in der kleinen Kirche von Sant'Agata wurde der Sarg nach Fiorenzuola überführt und dann mit der Bahn nach Mailand.

Verdi ging auf dem Friedhof allein hinter dem Sarg her. Er war schlohweiß geworden. Ihm folgten Maria und ihr Mann, die Ricordis, Boito und Teresa und eine Handvoll namenloser Bewunderer von Giuseppina Strepponi. In den nächsten Tagen war er allein im Haus. Maria schaute gelegentlich nach ihm. Er schwieg, horchte, nichts um ihn rührte sich, keine Schritte waren zu hören. Die Lautlosigkeit, fürchtete er, könnte ihn taub werden lassen. Ab und zu stand er auf, ging durch die Räume, fasste Dinge an, erwartete, dass sich die Luft bewegte, eine Tür sich öffnete, Peppina erschien. Einmal, an einem dieser furchtbar leeren Tage, rief er nach ihr: Peppina!, setzte sich und weinte. Giulio und Giuditta Ricordi brachen, begleitet von Teresa Stolz, in die Stille ein. Carla brachte die Gastzimmer in Ordnung. Verdi merkte, dass ihm Worte fehlten, die Freunde gingen vorsichtig mit ihm um. Die Zeit vor dem Weihnachtsfest solle er nicht allein verbringen. Ich bin nicht allein, widersprach er ihnen, ich wäre imstand, mir eine ganze Weihnachtsgesellschaft einzureden.

Beim ersten gemeinsamen Abendessen wurde er in einer knappen Rede gleichsam offiziell: Ich freue mich über euren Besuch. Er tut mir gut, wie ihr seht, aber – er machte eine Pause – gefehlt habt ihr mir nicht. Mir fehlt nur Peppina.

Sie war, ohne dass von ihr die Rede war, immer gegenwärtig. Und am Heiligen Abend, als auch noch Maria und ihr Mann sich zu ihnen gesellten, entspann sich, mit Fragen und Verzögerungen, ein Gespräch über Frömmigkeit. Es bleibt immer ein Rest, die Kinderfrage nach dem lieben Gott, warf Teresa ein, und Peppina war fromm, weil sie sich das erhalten hatte. Wenn wir unterwegs waren, miteinander auftraten, ließ sie nie die Kirche aus, auch wenn wir sie verspotteten. Und hier, in Busseto, erinnerte sich Verdi mit nachträglicher Wut, ist sie in die Kirche gegangen, obwohl die Einheimischen von ihr abrückten, sie schmähten als loses Frauenzimmer und als eine, die für meine erste Frau, die aus Busseto kam, eingesprungen war. Sie nahm die Gemeinheiten zur Kenntnis und ging weiter beten.

Maria stellte den Leuten von Busseto ein schlechtes Zeugnis für ihre Engstirnigkeit aus: Manchmal habe ich genug von ihnen, fügte aber hinzu, ich gehe ganz einfach jeden Tag nicht an der Kirche vorbei, sondern in sie hinein und bete. Das, was mich gerade beschäftigt, was mir einfällt. Ich rede in mich hinein und höre mir zu, ob es Gott tut, kann ich nicht sagen.

Verdi erhob sich, seine Gäste ebenso. Er möchte sich zurückziehen, er sei müde. Maria bat er, mit dem ersten Lächeln an diesem Abend, ihn bitte – ohne Stoßgebet – zu vertreten.

Am Tag danach erschien Boito, erfüllt von den Schrecken und Hinterhältigkeiten des Theaterlebens: Er brachte den Alltag mit. Verdi wehrte sich nicht, er merkte, wie ihn die erzählten Banalitäten weckten und belebten. Vor allem die Anekdoten aus der Scala, wo der Hitzkopf Toscanini mit dem Direktorium aneinandergeraten sei, weil ihm die gewohnte Garderobe nicht zur Verfügung gestellt worden war. Ich kann euch sagen, da hat das Haus gewackelt.

Verdi lachte, die andern sahen ihm erleichtert zu: Dieser kleine Kerl aus Turin, die Scala wird noch eine Freude haben an ihm.

Nach dem Fest, noch vor Beginn des neuen Jahrs, hatte sich die Gesellschaft aufgelöst, nur Maria und Teresa blieben. Teresa ging er erst einmal aus dem Weg. Er wollte nicht hören, wie sie über ihre Freundin Peppina redete.

Maria und Alberto luden ihn und Teresa zum Jahreswechsel zu sich nach Busseto ein. Aber er bestand darauf, ihn allein zu verbringen. Die Nacht des alten Jahres schloss das Haus in ihren Mantel ein. Carla hatte ihm noch das Abendessen serviert, eine Flasche Roten aus dem Veneto dazugestellt. Ihr leise gesprochener guter Wunsch für das kommende Jahr ging ihm nah. Er bedankte sich und ging die wenigen Schritte bis zur Tür neben ihr her. Die Beine schmerzten, erinnerten ihn an die vergangenen Monate. Er unterdrückte die Gedanken an die turbulenten Jahreswechsel mit Peppina, den Maffeis, den Ricordis. Eine Zeit lang blieb er am Tisch sitzen, hörte zu, wie das Haus Geräusche ausschickte, die Diele wiederholte Schritte, eine Tür knirschte, und eine Grille, die er bisher noch nicht bemerkt hatte, zirpte. Er trank, hörte sich atmen, zog sich den Mantel an, verließ das Haus und trat in den Park, die Pappeln raschelten in einem kalten Wind. Er stand, in der einen Hand das Weinglas, die andere in der Tasche vergraben, ging ein paar Schritte zwischen den Bäumen bis zu dem Sommerstuhl, dem Stuhl, den Peppina für ihn hatte hinausstellen lassen und der nun auch den Winter aushielt. Ein Satz fiel ihm ein, den er mit einem trockenen Lachen begleitete: Mein langes Leben hat mich da hingesetzt. Er wiederholte ihn ein paarmal und er wurde zu einer musikalischen Phrase. Käme ein Bariton, er könnte ihn singen. Er ging noch einmal in die Villa, schenkte sich das Glas voll und fragte sich, als er sich wieder auf den Stuhl setzte, wie oft er den Weg wiederholen würde. So saß er bis Mitternacht, genoss den Wechsel zwischen Tränen und Gelächter, redete mit sich selbst, bis Stimmen hinter ihm laut wurden, Schritte. Er drehte sich mühsam um. Maria und ihr Mann, Boito, Teresa hoben die Gläser, wünschten und murmelten Wünsche wie Beschwörungen und Überlebensformeln.

Sie standen aufgereiht vor ihm. Er nickte: Danke. Nun kann das Jahr beginnen. Maria begleitete ihn ins Haus. Buona notte, Maestro, rief ihm Boito nach.

Das Jahr begann im vertrauten Trab, über den er ausführlich klagte. Camillo Boito lud ihn telegrafisch nach Mailand ein, die Casa in Augenschein zu nehmen. Das Haus stünde da, nur die Zimmer seien noch leer und kalt. Er bat Maria und Teresa, ihn zu begleiten: Mit Peppina war ich zum letzten Mal dort und die Bauleute stritten noch über die Kosten.

Es hatte am Morgen etwas geschneit. Der Kutscher hatte unter dem Teppich im Wagen heiße Ziegelsteine deponiert. Sie mussten unterwegs nicht frieren. Das taten sie ausgiebig in der Casa. Camillo Boito führte sie von Zimmer zu Zimmer, am Ende in den kleinen Musiksalon. Hier könnten sich die Alten treffen. Die Alten. Er merkte, dass er den alten Maestro mit seiner Vorausschau schon ins Musikerheim transportierte, und ersetzte »die Alten« mit einem unfreundlicheren »Insassen«.

In dem Hof – oder Garten – neben der Villa blieb Verdi stehen, sah sich um, als wüsste er, was hier hingehöre: Da könnten unsere Gräber sein, Peppinas und meines. Boito sah ihn nachdenklich an: Genau genommen sind solche Grablegungen nur für den Adel erlaubt.

Na gut, erwiderte Verdi und verabschiedete sich. Er sei noch mit Giulio verabredet, um den Druck der »Pezzi Sacri« durchzusehen. Der Kutscher brachte ihn zum Grand Hotel, die beiden Frauen fuhren weiter nach Sant'Agata. Es wiederholte sich. Vieles wiederholte sich.

Wieder saß er im Besprechungszimmer des Verlags, vor sich ausgebreitet die gedruckten Seiten, neben sich Giulio und den Notenstecher. Mit einem Blick entdeckte er Fehler. Vor allem im »Ave Maria«. Ja, das ist ungewohnt, erklärte er sich und den andern die Mängel. Er genoss die Gespräche, füllte den Raum mit seinen Erinnerungen und zog die Zeit hinaus, bis Giulio ihn fragte, ob er nach Sant'Agata fahren oder im Hotel bleiben wolle. Er konnte sich nicht entscheiden, entschloss sich, nach längerem Hin und Her, die kurze Strecke zu Fuß ins Hotel zu gehen. Ich bin müde, sagte er. Auch das wiederholte sich. Woran er gewöhnt war, setzte er fort. Nur wurden die Vorbereitungen lästiger, die Distanzen anstrengender: »Wenn mir auch die Ärzte sagen, dass ich nicht krank bin«, schrieb er einem Freund, »ich spüre doch, wie mich alles müde macht: ich kann nicht mehr lesen, nicht schreiben, die Augen versagen, das Gefühl lässt nach, und gar die Beine wollen nicht mehr tragen. Ich lebe nicht, vegetiere nur eben. Was soll ich noch auf dieser Welt!« Er übertrieb, doch er rieb sich an diesen Unzulänglichkeiten. Es ärgerte ihn, dass ihm geholfen werden musste, wenn er einstieg in die Kutsche oder in den Zug, wenn er Treppen steigen musste. Immer war eine Hand da, die ihm unter den Arm griff, ihm seine Schwäche deutlich machte. Maria und Teresa fürchteten seine zornigen Ausbrüche. Briefe könnten ihn aufregen, er ließ sie sich, da die Schrift vor seinen Augen verschwamm, vorlesen.

Der Direktor der Deutschen Verlags-Anstalt in Stuttgart fragte freundlich an, ob Verdi seine Erinnerungen schreiben wolle. Erinnerungen! Er hob verzweifelt die Arme: Ich kann mich nicht erinnern. Was will dieser Hanswurst? Schreib mit, bat er Maria, die ihn aber bremste, da sie keinen Stift und kein Papier zur Hand hatte, und seine Wut mit dieser Verzögerung noch steigerte. »Nie, nie werde ich Erinnerungen schreiben. Genug, dass die Musikwelt so lange meine Noten hingenommen hat. Warum sollte sie auch noch meine Prosa lesen.« Die beiden Frauen saßen, stellvertretend für den Verlagsdirektor, bedrückt da und warteten, bis Verdi das Zimmer verließ.

Boito und Giulio sprangen ihm bei und für ihn ein, wenn ihm etwas nicht passte. So hörte er, dass die Scala die »Pezzi Sacri« aufführen wolle. Er schickte Boito hin, das zu untersagen. Die Scala sei nicht der geeignete Ort. Er drängte Giulio, mit der Opéra in Paris zu verhandeln, die selbstverständlich und dankbar die Premiere vorbereitete. Verdi war drauf und dran, nach Paris zu reisen. Boito riet ihm, vorher seinen Arzt zu konsultieren. Der erlaubte es nicht. Boito musste an seiner Stelle fahren und war angehalten, Bericht zu erstatten. Das Pariser Publikum kannte sein »Requiem« und hörte nun mit großer Bewunderung den »frommen« Verdi.

Teresa begleitete ihn, als er noch einmal nach Montecatini fuhr. Sie holte ihn in Genua ab. Er entschuldigte sich für seinen schütteren Zustand und dafür, dass er ziemlich wortkarg sein werde.

Die Ärzte gingen freundlich mit ihm um und rieten ihm, sich zu schonen. Was er für übertrieben hielt.

Ein Fotograf nahm ihn in Gesellschaft von Teresa

und anderen Kurgästen auf. Er saß von ihnen umgeben, doch für sich, in sich versunken, in Gedanken an die vielen Sommer von Montecatini. Neben ihm Teresa, sie gleicht ein wenig Peppina auf den Fotografien.

Von den Ärzten überholt, aber nicht unbedingt erholt, blieb er für wenige Tage in Genua, wo er sich mit Toscanini verabredet hatte. Der plante, die »Pezzi Sacri« in Turin und Mailand zu dirigieren, und wollte sich Rat bei dem Maestro holen. Allerdings nahm die Unterhaltung einen anderen Verlauf, als er erwartet hatte. Der Alte begann erst einmal auf den Theaterbetrieb zu schimpfen, auf Eitelkeiten und Unfähigkeiten. Und die Sängerinnen!, rief er, sie stellen sich dar und singen falsch – Primadonnen! Oder, mein Lieber, die Dirigenten, sie haben längst Geschmack an der Macht gefunden, die ihnen von den Noten nicht schmackhaft gemacht wird, nein keineswegs, und das alles endet, fürchte ich, in der Tyrannei der Dirigenten. Nachdem er sich diese Last vom Herzen gewälzt hatte, kamen sie zur Arbeit. Sie konzentrierten sich auf das Stabat mater und das Te deum. Beide setzten sich an den Flügel und spielten miteinander Phrasen, fragend oder antwortend. Mitunter erklärte Verdi drastisch, wohin er komponierend dachte: der Sopran, der am Ende des Te deum sein zuversichtliches Solo singt, »In te speravi« –. Das bricht ab, stockt, die Violinen übernehmen im pianissimo die erwartete Höhe und fünf Oktaven tiefer erklingt der abschließende Ton der Bässe. Wissen Sie, was sich da neben der Hoffnung ausdrückt, Toscanini, es ist die Angst, die Menschenangst.

Verdi besuchte beide Konzerte nicht, erfuhr also nicht, wie Toscanini die Menschenangst auslegte.

In Sant'Agata machte er sofort wieder kehrt, da Alberto Carrara ihn mit der Neuigkeit überraschte, in Mailand erwarte ihn ein Gremium von Rechtskundigen, um die Stiftung der Casa di Riposo zu beurkunden. Zum Ärger von Maria verließ er die Kutsche und stieg wieder ein. Er hörte zu, die Satzung wurde verlesen. Er hörte Stimmen aus großer Ferne.

Nur italienische Musiker, sagte er, für die Versammelten überraschend. Nicht international.

Und wem ist es erlaubt, Unterkunft in der Casa zu finden?

Verdi saß mit einem Mal aufrecht: Leuten wie mir. Alt gewordenen Musikern, die nicht mehr auftreten können, ihre Ruhe suchen. Trompeter, denen der Atem fehlt, Sänger, die von ihrer Stimme verlassen wurden, Geiger, deren Hände nicht mehr ruhig sind, und Pianisten, die höchstens für sich spielen.

Sie unterschrieben feierlich.

Der Wein, mit dem sie sich dann zur gelungenen Arbeit gratulierten, stieg ihm in den Kopf, machte ihn unsicher, sodass er am Arm Carraras geradezu floh. Er schickte Carrara nach Sant'Agata und bezog seine Suite im Grand Hotel. Als er sich schlafen legte, wünschte er, dass die Nacht lang dauere. Er wachte erst gegen Mittag auf und erfuhr von einem

Pagen, dass Giulio in der Halle auf ihn warte. Der erzählte Verdi beim Kaffee von dem Konzert in der Scala, es sei ja, wie er aus den Zeitungen erfahren könne, ein Erfolg für die »Pezzi« und für Toscanini gewesen. Der junge Mann sei ein Phänomen an Musikalität und Selbstbewusstsein.

Verdi stimmte ihm zu: Der Bursche gefällt mir, hoffentlich nimmt das Selbstbewusstsein nicht überhand.

Wie oft in Gesprächen sprang er von einem Thema zum andern und überraschte Giulio mit der Frage, wen von den Notaren aus der Stiftungsrunde er ihm empfehlen könne, er wolle ihm sein Testament diktieren.

Giulio schrak auf: Aber, Maestro!

Verdi sah erst auf seine von Altersflecken überzogenen Hände, dann Giulio in die Augen: Mit einem Aber beginne ich nicht, sondern mit mir.

Wann?

Wenn möglich, noch in dieser Woche. Ich bleibe im Hotel.

Er verließ kaum das Zimmer, nur zu den Mahlzeiten. Giulio, der ihm einmal dabei Gesellschaft leistete, erzählte Giuditta, der Maestro esse nur Portiönchen, die einen erschrecken.

Manchmal ging er durchs Haus und unterhielt sich mit Direktor Graz über Nichtigkeiten. Er gab sich Mühe, unsichtbar zu bleiben. Dem Notar, der ihm aufs Zimmer geschickt wurde, diktierte er von Zetteln, die er auf dem Tisch vor sich ausgebreitet hatte, in einem Zug seinen Letzten Willen. Ehe er begann, bat er den Advokaten, ihm, falls er sich juristisch ungesichert ausdrücke, ins Wort zu fallen. Maria erhielt den größten Teil des Vermögens und auch der Immobilien, allerdings unter der Auflage, sie für die Zukunft zu erhalten, wie auch das Krankenhaus in Villanova und die Casa di Riposo, deren Bestand gesichert sei durch die Stiftung, die durch die Tantiemen seiner Werke erhalten werde und durch die Tantiemen Boitos aus den beiden Libretti. Die Angestellten, die seit zehn Jahren in Sant'Agata oder in Genua für ihn arbeiteten, erhielten jeder mehr als das fünffache Jahresgehalt. Die Bestimmung, mit der er die Bescheidenheit seines Begräbnisses festlegte, glich beinahe aufs Wort der, die Peppina für den Abschluss ihres Testaments fand.

Er ließ sich nach Sant'Agata abholen, stürzte dem Kutscher in die Arme, als er aus dem Wagen stieg. Er entschuldigte und bedankte sich: Sie haben mich vor ungezählten Knochenbrüchen gerettet. Der Mann ließ ihn nicht los und geleitete ihn wortlos ins Haus, dort stand Maria, die Hand vorm Mund. Verdi blieb vor ihr stehen, sah an sich hinunter: Beruhige dich, Maria, du siehst ja, mein Kutscher ist im Nebenberuf Schutzengel.

Er blieb. Der Winter brach übers Land herein, im Haus wurde es kalt. Stundenlang saß er vor dem Kamin: Allmählich werde ich gar. Nur wofür? So empfing er Teresa, die zu Besuch gekommen war und sich zu ihm gesellte.

Wahrscheinlich bekämen Sie von mir die falsche Antwort, Verdi.

Es gab in ihren Gesprächen kaum mehr Verzögerungen aus Vorsicht, Pausen aus Erinnerung. Sie hatten sich beide daran gewöhnt, dass Peppinas Stimme fehlte, ihr Witz, ihre Schlagfertigkeit. Sie redeten über die gemeinsamen Aufenthalte in Montecatini und er begann über den kalten Frühling hinauszuplanen: Ein paar Tage in Genua und zwei Wochen in Montecatini. Werden Sie dabei sein, Teresa?

Warten wir den Sommer ab.

Sicher sind Sie sich nicht?

So sicher, wie Sie es sind.

Da haben Sie im Stil Peppinas geantwortet.

Ohne sich zu entschuldigen, verschwand er in seinem Zimmer, ließ Teresa sitzen. Giulio versetzte ihn in Unruhe mit dem Gerücht, dass das Land ihn mit dem höchsten Orden zu ehren beabsichtige.

Auf keinen Fall, ich bin doch kein Politiker, kein Diplomat. Warum versucht die Obrigkeit, mich zu kostümieren?

Giulio beruhigte ihn, er könne absagen, dem Minister Barcelli schreiben und ihm die Leviten lesen.

Das werde ich!

Das tat er nicht. Der Bauer aus Busseto sah schlau den Vorteil dieser Konstellation: »Wenn es etwas gibt, was ich mir wünsche, dann wäre es, nach meinem Tod zusammen mit meiner armen Frau in der Hauskapelle des Asyls für Musiker, das ich gerade in Mailand bauen lasse, begraben zu werden.«

Der Wunsch wurde ihm erfüllt; den Orden bekam er nicht.

Im Frühjahr genügte es ihm nicht mehr, im Park zu sitzen, vom Kutscher nach Mailand gebracht zu werden und nachzuschauen, wie weit der Bau der Casa di Riposo gediehen war. Er war dabei, als dort der Ofen installiert wurde, achtete darauf, den Arbeitern nicht im Weg zu stehen, und drückte sich in die Nischen neben den Kaminzugängen. Der Maestro! Er freute sich, wenn die Arbeiter ihn mit Respekt begrüßten oder mit einer kleinen Verbeugung den Weg frei machten. Der warme Wind erinnerte ihn an Genua, die Terrasse über dem Meer. Maria überraschte er mit der Ankündigung der üblichen Sommertour: Genua, Montecatini.

Haben Sie den Doktor gefragt? Wahrscheinlich fiel ihr das ärztliche Verbot ein, nach Paris zu fahren.

Ich frage niemanden, Maria.

Immerhin sorgte der alarmierte Giulio dafür, dass ihn ein Diener begleitete, da er mit Treppen, schaukelnden Waggons und langen Wegen seine Schwierigkeit hatte. Er hatte den Mann, Stefano, nötig. Wortlos griff der ihm, wenn er ins Wanken geriet, unter die Arme. Und wenn das Schweigen zu lästig wurde, unterhielt er Verdi über die Zustände in Sant'Agata. Da kannte er sich aus.

In Genua ließ er sich wieder den Stuhl auf die Terrasse stellen, doch der vertraute Blick aufs Meer wechselte mit einem Mal ins Unvertraute – er spürte die Abwesenheit Peppinas. Sein Atem stockte, er wurde unruhig, klatschte in die Hände, rief Stefano: Ich möchte hinein. Es ist mir etwas übel. Er hängte sich bei dem dünnen, aber kräftigen Mann ein: Kein Doktor. Das kommt nicht infrage. Meine Peppina hat die Weißmäntel nie ausstehen können. Er legte sich erleichtert und lächelnd auf den Diwan. Stefano deckte ihn zu.

In Montecatini erwartete ihn die übliche Runde: Die Ricordis, Boito, Teresa Stolz. Er erschreckte sie, indem er vom ersten Tag an wie verpuppt, in sich eingesunken, zwischen ihnen saß, er vermied es auch zu baden. Sie redeten über ihn hinweg und es schien, er hörte ihnen nicht zu. Er hatte nichts dagegen, den Ärzten vorgeführt zu werden. Erst ein Ereignis, das die sich Erholenden erschütterte und nicht wenige zum Aufbruch veranlaßte, erst der Mord an König Umberto beschäftigte ihn und setzte ihn aufrecht.

Er bat Boito, ihn genau zu unterrichten. Peppina und ich waren Gäste des Königspaars. Die Königin, las er in der Zeitung, habe ein »Gebet« geschrieben. Die Gräfin Negroni bat ihn, erfuhr er von Giulio, es zu vertonen. Der Wunsch beunruhigte und erregte ihn: Das kann ich überhaupt nicht, reagierte er unwirsch. Überhaupt nicht! An die Gräfin schrieb er: »Ich bin fast krank und jederlei Beschäftigung ist mir unmöglich.«

Er fing an, Patiencen zu legen, in Erinnerung an Peppina, die ihm einige komplizierte beigebracht hatte – und um nicht angesprochen zu werden. Das setzte er in Sant'Agata fort. Manchmal half ihm Maria mit einem Kinderlachen, wenn die Karten zu verquer lagen.

Wenige Tage vor Weihnachten verabschiedete er sich von den Bediensteten und brach mit Carraras auf nach Mailand. Er habe sich immer »wie ein Kind« auf das Fest gefreut, nun sei er ungläubig genug, um es ganz frei zu genießen. Boito folgte diesem Gedanken nicht, als er ihn von Maria erfuhr. Der alte Maestro ist auf seine Weise fromm, auch das Kind in ihm, er hätte nie die »Pezzi Sacri« komponiert.

Er schlief viel, blieb in der Suite, ließ sich die Mahlzeiten bringen. Das Personal war so leise und so zurückhaltend, dass er einen Zimmerkellner fragte: »Wollen Sie mich im Schlaf nicht stören? Aber ich bin wach.« Verlegen verließ der Mann das Zimmer, auf Zehenspitzen.

Am Weihnachtsabend begleiteten ihn Maria und Alberto hinunter in die Halle, wo er, was ihn erst einmal verdross, durch ein Spalier der Hotelangestellten gehen musste und am Ende, von Direktor Spatz begrüßt, zu seinem Tisch in der Nähe des Weihnachtsbaums geführt wurde. Zwei Kinder sangen Weihnachtslieder. Maria fürchtete, dass ihn das laute und aufgeregte Singen stören könnte. Er winkte ab: Das ist mir lieber als Bühnengesang. Die singen zwar mitunter falsch, doch mit Lust. Er redete an diesem Abend und danach nicht viel, erschreckte jedoch Maria und gelegentliche Gäste mit Abschiedsfloskeln: Alles könnte für mich das Letzte sein, das letzte Jahr, die letzten Gäste, das letzte

Weihnachtsfest, der letzte Jahreswechsel. So feiert es sich unbeschwert und die Melancholie verliert an Gewicht.

Zum Jahreswechsel fand sich neben den Carraras die alte Runde ein, die Ricordis, Boito und Teresa Stolz. Der Speisesaal war reichlich geschmückt. Von den Lampen hingen Sterne, die das Licht reflektierten. Da sind wir ja dem Himmel nah, fand Verdi, und Boito nahm seinen Witz auf: Und es ist auch noch ein künstlicher.

Ja, es geht mir besser, sagte er. Er trank viel zu viel, um nicht reden zu müssen, aber hörte zu, manche Stimmen erreichten ihn laut, andere leise. Der Lärm im Saal war erstaunlich. Herr Spatz gesellte sich noch mit seiner erwachsenen Tochter zu ihnen. Die Signorina werde demnächst die Leitung des Hauses übernehmen.

Bald war Zeit. Er hatte es überstanden. Die Kellner prüften, ob die Gläser gefüllt waren. In der Mitte des Saals bereiteten sie ein kleines Feuerwerk vor. Die Pendeluhr in der Lobby schlug. Alle sprangen auf, die Gläser wie Waffen im Anschlag. Boito half ihm, sich zu erheben. Das wird mir das neue Jahr übel nehmen, sagte er und verblüffte Boito derart, dass der keine Antwort fand. Wünsche wurden ausgetauscht, Glück und alles Gute, ein erfolgreiches Jahr, ein friedliches Jahrtausend, und er überraschte Boito ein weiteres Mal, indem er ihm einen neuen Freund wünschte. Aber Boito wagte es nicht, ihn nach dem Grund des Wunsches zu fragen.

Buona notte. Maria und Alberto begleiteten ihn zur Suite und übergaben ihn dort Stefano zu treuen Händen.

Die Tage darauf begann er mit Maria, die Zukunft von Sant'Agata zu planen, studierte mit ihr Protokolle und Verträge. Regelmäßig führte er Nachlässigkeiten oder Fehler in den Erklärungen auf sein Alter zurück: Ich bin siebenundachtzig. Wieder verließ er so gut wie nie die Suite.

Drei Wochen nach dem Jahresbeginn klagte er über Schmerzen im Nacken, blieb liegen, und als ihn Stefano nach einer Pause aus dem Bett heben wollte, fuhr ein Krampf durch seinen Leib, er versteifte sich und fiel zur Seite. Er hätte »Café« schreiben können. Er konnte es nicht mehr. Stefano rief um Hilfe. Ärzte waren gleich zur Stelle. Ein Schlaganfall, schwer, diagnostizierten sie, und Verdi würde nicht mehr zu sich kommen, würde um Atem ringen, Schmerzwellen würden über die eine Gesichtshälfte jagen, die andere war gelähmt.

Im Schlafzimmer hielten sich die Ärzte auf, murmelten sich die Zustände des Sterbenden zu; manchmal durften Maria und Teresa zu ihm. Im Nebenzimmer wurden die Freunde bedrängt von Unbekannten, deren Herr Spatz sich nicht verwehren konnte, Reporter von den Zeitungen, Neugierige. Überhaupt entfaltete sich ein voreiliges Trauertheater. Direktor Spatz ließ den Gang, der zu Verdis Suite führte, schwarz ausschlagen; damit der Maestro in seiner tiefen Bewusstlosigkeit nicht durch den Straßenlärm gestört werde, wurde die Gasse vor dem Hotel mit

Strohmatten ausgelegt. Giulio bat, nicht zu übertreiben. Das könne nicht im Sinne Verdis sein.

Er sorgte dafür, dass Adolfo Hohenstein, der die Bühnenbilder für den »Falstaff« verantwortet hatte, Verdi zeichnete. Dieses müde, sich entfernende Gesicht.

Jetzt verlässt Verdi meine Erzählung, sprengt diese »Fantasie«. Jetzt hilft mir einer, der Verdi liebte, unter die Menge am Straßenrand, die sich von dem Maestro verabschiedet – zwei Abschiede: einmal in Armut und einmal als Apotheose.

Der Hilfreiche, ein Mann, den ich zum ersten Mal eine Baseballkappe tragen sah, Joseph Wechsberg, der, von Hitlers Rassepolizisten verfolgt, nie mehr aus dem Exil heimkehrte, aber in Verdi, den er verehrte, dessen Werk er »auswendig« konnte, eine strahlende Mitte auf dem alten Kontinent wusste. Er spielte Geige, die Musik beherrschte ihn. Wir verloren uns in abenteuerlichen Gesprächen über Schuberts Klaviersonaten, über die Gemeinheiten, die in den Kommentaren der Kontrollarier über Mendelssohn steckten, über die komplizierte Spanne zwischen Wagner und Verdi. Er erzählte mir, was ein Augenzeuge ihm erzählt hatte, wie Verdi zwiefach bestattet wurde.

Es ist sehr früh, kühl, und durch die Straßen Mailands wehen Nebelschleier. Das Stadtvolk versammelt sich am Straßenrand, wartet, sprachlos und traurig. Was ich mit den Frauen und Männern neben mir zu sehen bekomme, ist ein Bild, das ein Kind hätte malen können. Einen einfachen Einspänner, mit einem schlichten Sarg beladen, zieht ein klapperdürres Pferdchen, das alle Kraft braucht, die Last zu ziehen. Es folgt einem Pater, Don Modesto Gallon, höre ich einen Trauernden sagen. Der Pater wird begleitet von einem winzigen, verhuschten Ministranten. Die Männer ziehen den Hut. Manche Frauen knien nieder. Die Stille aller nimmt mich auf.

Nach einer Pause von zwei Wochen, in der sich der Ruhm des Maestros in den Nachrufen noch steigert, findet die zweite Beisetzung, die versprochene, in der Casa di Riposo statt. Der Akt ist angekündigt als Staatsbegräbnis. Vor dem Friedhof warten der Ministerpräsident, der Bürgermeister, Abgeordnete. Da in den Straßen ein gewaltiges Gedränge herrscht, hat mir Wechsberg einen Fensterplatz besorgt. Ich sehe kein Begräbnis 3. Klasse, kein armseliges Wägelchen, ich sehe die Karosse des Ruhms, gezogen von vier Rappen, der Wagen vergoldet und die Särge von Verdi und Giuseppina Strepponi ebenso vergoldet. Hinter dem Wagen schreiten die Offiziellen und die Freunde, Teresa und Boito, die Ricordis und Camillo Boito mit seiner Frau. Ihnen folgt die ganze Stadt, ein unübersehbarer Zug, der vor der Casa aufgehalten wird durch ein Wunder à la Verdi. In einem Fenster sehe ich den schwarzen Lockenkopf Toscaninis, der mit einer Armbewegung eine Stimme in der Menge weckt, die wiederum Weckruf für tausend Stimmen wird. Toscanini lehnt aus dem

Fenster, dirigiert den Chor, den fast alle im Zug mitsingen können, den Gesang der befreiten Hebräer aus dem »Nabucco«: »Va, pensiero« ... Flieg, Gedanke, flieg!

Eveline Hasler im dtv

»Eveline Haslers Figuren sind so prall voll Leben, so anschaulich und differenziert gezeichnet, als handle es sich samt und sonders um gute Bekannte.«
Klara Obermüller

Ibicaba
Das Paradies in den Köpfen
Roman
ISBN 978-3-423-10891-1

Die Wachsflügelfrau
Roman
ISBN 978-3-423-12087-6

Die Vogelmacherin
Die Geschichte von Hexenkindern
Roman
ISBN 978-3-423-12914-5

Der Riese im Baum
Roman
ISBN 978-3-423-13231-2

Tells Tochter
Julie Bondeli und die Zeit der Freiheit
Roman
ISBN 978-3-423-13498-9

Stein bedeutet Liebe
Roman
ISBN 978-3-423-14138-3

Und werde immer ihr Freund sein
Hermann Hesse, Emmy Hennings und Hugo Ball
ISBN 978-3-423-14201-4

Anna Göldin
Letzte Hexe
Roman
ISBN 978-3-423-14267-0

Mit dem letzten Schiff
Der gefährliche Auftrag von Varian Fry
ISBN 978-3-423-14503-9

Engel im zweiten Lehrjahr
ISBN 978-3-423-21327-1 und
ISBN 978-3-423-25378-9
dtv großdruck

Der Engel und das schwarze Herz
ISBN 978-3-423-21553-4

Bitte besuchen Sie uns im Internet: www.dtv.de

Peter Härtling im dtv

»Die Hilflosigkeit angesichts der Liebe, die Sehnsucht und die Jagd nach der Liebe, die Furcht und die Flucht vor der Liebe – daran leiden Härtlings unheroische Helden. Das sind die Motive, die er immer wieder aufgreift, seine Leitmotive.«
Marcel Reich-Ranicki

Nachgetragene Liebe
ISBN 978-3-423-11827-9

Hölderlin
Ein Roman
ISBN 978-3-423-11828-6

Ein Abend, eine Nacht, ein Morgen
ISBN 978-3-423-11837-8

Das Windrad
Roman
ISBN 978-3-423-12267-2

Božena
Eine Novelle
ISBN 978-3-423-12291-7

Hubert oder Die Rückkehr nach Casablanca
Roman
ISBN 978-3-423-12439-3

Waiblingers Augen
Roman
ISBN 978-3-423-12440-9

Die dreifache Maria
Eine Geschichte
ISBN 978-3-423-12527-7

Schumanns Schatten
Roman
ISBN 978-3-423-12581-9

Große, kleine Schwester
Roman
ISBN 978-3-423-12770-7

Eine Frau
Roman
ISBN 978-3-423-12921-3

Schubert
Roman
ISBN 978-3-423-13137-7

Bitte besuchen Sie uns im Internet: www.dtv.de

Peter Härtling im dtv

»Ich schreibe, weil der Mensch ohne seine Geschichte
nicht leben kann.«
Peter Härtling

Leben lernen
Erinnerungen
ISBN 978-3-423-13288-6

**Hoffmann oder
Die vielfältige Liebe**
Eine Romanze
ISBN 978-3-423-13433-0

Die Lebenslinie
Eine Erfahrung
ISBN 978-3-423-13535-1

Sätze von Liebe
Ausgewählte Gedichte
Hg. v. Klaus Siblewski
ISBN 978-3-423-13692-1

Das ausgestellte Kind
Mit Familie Mozart unterwegs
ISBN 978-3-423-13717-1

Liebste Fenchel!
Das Leben der Fanny Hensel-
Mendelsohn in Etüden und
Intermezzi
ISBN 978-3-423-14195-6

Tage mit Echo
Zwei Erzählungen
ISBN 978-3-423-14452-0

Zwettl
Nachprüfung einer
Erinnerung
ISBN 978-3-423-19121-0

Janek
Porträt einer Erinnerung
ISBN 978-3-423-61696-6

**»Wer vorausschreibt, hat
zurückgedacht«**
Essays
ISBN 978-3-423-61848-9

Bitte besuchen Sie uns im Internet: www.dtv.de